DIESTERWEGS NEUSPRACHLICHE BIBLIOTHEK

MARIE CARDINAL

La clé sur la porte

Texte abrégé, présenté dans une édition scolaire comportant introduction, glossaire, questionnaire et exercices

par Detlev Kahl et Carole van Boxel

VERLAG MORITZ DIESTERWEG

Frankfurt am Main · Berlin · München

ISBN 3-425-04906-2

Gesamtherstellung: Oscar Brandstetter KG., Wiesbaden

Umschlagfoto: Kahl/Zander

INTRODUCTION

Par les extraits suivants du livre de Marie Cardinal nous proposons aux étudiants de français un nouveau type de lecture. Au cours des réformes récentes on a presque banni les textes littéraires de nos programmes pour les remplacer souvent aussi exclusivement par des textes à thèmes et des dossiers. Tout en reconnaissant leurs avantages, nous avons dû constater que cette sorte de lecture lasse assez vite les élèves puisqu'on y fait rarement appel à cette curiosité légitime, à savoir «comment l'histoire finira».

Dans «La clé sur la porte» se trouvent réunis les avantages des textes fictifs et des dossiers. D'une part il s'agit d'un récit continu qui garde son propre suspense à savoir si l'expérience tentée par la narratrice réussira. Ce cadre général une fois donné, la plupart des chapitres constituent des «aventures» indépendantes qui gardent leur propre intérêt. D'autre part «La clé sur la porte» est une vraie collection de sujets susceptibles de stimuler les discussions. Les titres que nous avons choisis pour les extraits permettent une orientation rapide sans être une liste complète de ces sujets. Il va sans dire que nos propositions pour la discussion avec les étudiants ne se veulent pas non plus exhaustives.

C'est d'après cette double motivation – suspense et sujets à discussion – que nous avons choisi les extraits. Le texte intégral du livre comprend presque trois fois autant de pages que le texte présenté. Quelquefois nous avons changé l'ordre des paragraphes, rassemblé des chapitres non-consécutifs, mais nous n'avons pas changé le texte lui-même.

Le langage du livre pose quelques problèmes sur le plan du vocabulaire. D'abord, l'usage des mots argotiques y est assez répandu puisque ce sont des jeunes qui parlent – tout autre langage eût été factice. Comme il s'agit d'un nombre restreint de mots très fréquents, nous avons cru bon de les expliquer au début dans un glossaire. Puis il y a le choix toujours arbitraire des mots qu'il nous fallait expliquer au lecteur. En général, nous avons supposé comme connus ou faciles à trouver les mots du Français Fondamental 1er et 2e degré tels qu'ils sont présentés dans le «Dictionnaire fondamental» de Guggenheim. Enfin vient la question, comment le lecteur peut-il enrichir ses connaissances lexicales actives. Rien de plus décourageant que d'apprendre les listes de mots expliqués, mais dont l'emploi est bien souvent rare. C'est pourquoi nous avons fait un tri en mettant la lettre L devant les mots qui nous paraissent fréquents et utiles.

C'est le même souci de guider la bonne volonté de l'étudiant qui nous a amenés à composer des exercices mettant en relief dans chaque chapitre quelques locutions idiomatiques. Ces exercices ne se veulent pas du tout systématiques. Des exercices plutôt difficiles alternent avec de plus simples (qui eux, se prêtent à l'entraînement oral); le plus souvent il s'agit de changements de structure (simples et doubles), mais il y a également des exercices à trous. Ainsi, nous laissons les professeurs s'en servir comme bon leur semble. D'après nos expériences, les étudiants les considèrent comme un divertissement après une discussion animée.

Un mot encore sur l'auteur. «La clé sur la porte» n'est pas le premier livre de Marie Cardinal (née en 1929), mais c'est celui qui, en 1972, l'a rendue célèbre. (Un film du même titre, basé sur le livre, vient de paraître sur les écrans.) Les expériences qu'elle y décrit, elle les a vécues et elles sont en quelque sorte autobiographiques. Pourtant, c'est à juste titre, que Marie Cardinal dans une interview à France Inter, souligne le changement apporté aux faits réels par le travail de l'écrivain. «Oui, enfin, vous savez, l'écriture transforme les choses. Je ne peux pas dire que j'ai jamais écrit ma vie, que j'ai jamais vraiment livré mon intimité. [. . .] Je crois que si quelque part j'ai du talent, c'est dans le fait que je ne sais pas par quel alambique, je sais faire passer par mon corps et par ma tête et par ma main qui écrit quelque chose qui est commun à une grande quantité de personnes.»

Cela vaut également pour ses deux autres grands succès: «Les mots pour le dire» (1975) où elle décrit le délivrement d'une obsession psychique due apparemment à son éducation dans une famille bourgeoise divorcée, et, livre plus récent, «Une vie pour deux» qui traite des problèmes d'un couple qui n'a plus rien à se dire et qui essaie d'instaurer de nouveaux rapports. C'est son talent d'écrivain qui a valu à Marie Cardinal le Prix Littré 1976, c'est par sa sincérité, son engagement social et sa riche expérience personnelle qu'elle est devenue une conseillère recherchée pour les relations interhumaines toujours plus difficiles dans notre société moderne.

D.K.

GLOSSAIRE

Si «La clé sur la porte» reflète si bien les problèmes de la jeunesse des années 1970, c'est en partie grâce à la forme de langage qu'a utilisée Marie Cardinal: afin de rester fidèle à ces jeunes, elle a repris leur langage.

En effet, les jeunes Français ont un langage propre que leurs parents ont bien du mal à comprendre. Il en est de même d'ailleurs pour le jeune étudiant allemand qui cherche à s'intégrer dans un groupe de jeunes Français.

C'est pourquoi il nous a semblé bon de rassembler au début de ce livre toutes ces expressions, parfois bien crues, d'une part sous forme de rubriques, d'autre part dans un index alphabétique.

Il est utile de souligner que ce langage est toujours en mouvement et qu'au moment où nous écrivons ce glossaire, certains de ces mots sont en train de passer de mode au profit d'autres, comme par exemple: débile.

Ce langage subit diverses influences: celle de l'argot (autrefois, langue des bandits et des mendiants), celle de la langue populaire et plus récemment, celle du milieu de la drogue (la plupart de ces mots sont alors d'origine anglaise).

I. Les adjectifs

Une première caractéristique de ce langage se trouve dans l'emploi abusif de superlatifs qui perdent ainsi de leur valeur, par exemple: extraordinaire, sensationnel sont devenus synonymes de très bien.

Dans «La clé sur la porte», nous avons souvent affaire à des mots renforçant l'adjectif ou le substantif, qui sont placés soit devant l'adjectif *(drôlement, vachement, sacré, super)* soit après le substantif *(fou:* un argent fou, *super:* un film super).

Un phénomène intéressant est l'emploi des adjectifs appartenant au domaine de l'anormalité: *fou; dingue, débile* (personne faible d'esprit) et servant ici à exprimer un étonnement, un jugement: c'est un film complètement débile. Ce mot, nous le verrons au cours de la lecture, est parfois ambigu.

Et puis, un dernier mot, nom devenu adjectif et adverbe: *chouette,* qui signifie bien, agréable.

II. Désignation des personnes

L'argot est riche en noms évocateurs pour tout le genre humain. Tous ces noms ont une valeur, bien entendu, péjorative.

Tout d'abord, *le mec* et *la nana* (homme et femme) qui, devenus parents, sont appelés *les vieux,* par leurs enfants ou plutôt par leurs *gosses* ou leurs *rejetons* (mot employé en botanique et désignant les nouvelles pousses d'une plante). L'agent de police possède lui aussi une gamme d'appellations et ici, nous avons le terme de *flic.*

III. Désignation des vêtements

Depuis longtemps déjà, on a utilisé des termes appropriés aux vêtements sales et déchirés: *les nippes, les sapes,* ces mots désignent maintenant, pour les jeunes, toutes sortes de vêtements; on en a même tiré un adjectif: *sapé* et s'y est ajouté *les fringues, fringué.* De nouveaux adjectifs nous arrivent d'Amérique et d'Angleterre pour qualifier la mode: *beats, fricky, pop* . . . etc.

IV. Diverses expressions

A chaque activité correspond aussi une expression argotique:
manger: *bouffer*
rire: *rigoler, la rigolade;* drôle: *marrant*
l'argent: *le fric, friqué, le pognon*
le travail: *le boulot*
partir: *se barrer*
chier: ennuyer
en avoir ras le bol: en avoir assez
pour pas un clou: pour rien (un clou: *un sou:* une vieille pièce de monnaie).
Mais aussi un mot d'argot peut avoir plusieurs dérivés:
**la gueule:* Maul
dégueulasse: sale, «zum Kotzen»
casser la gueule: battre

gueuler: crier
pousser une gueulante: crier après quelqu'un
**foutre:* mettre
s'en foutre (syn. s'en ficher), *en avoir rien à foutre:* rester indifférent
foutre le camp: partir
foutre à la porte: mettre à la porte
**con:* injure grave désignant une personne que l'on juge bête
conne (f): injure encore plus forte
connerie (f): une idiotie, imbécilité

V. L'influence du milieu de la drogue

Comme nous l'avons signalé au début, la drogue a amené avec elle un vocabulaire spécialisé d'origine anglaise en grande partie.

Si la majorité de ces mots n'a pas dépassé le domaine de la drogue, d'autres ont pris une signification générale comme: *planer* (schweben) qui veut dire maintenant être bien, être dans les nuages, *cool:* calme avec ou sans drogue.

Les drogues portent chacune leurs noms: *l'herbe* pour la marihuana, *l'acide* pour la drogue chimique (Säure), *le joint* pour la cigarette de drogue.

Prendre de la drogue se dit: *se camer, se défoncer* (valable aussi pour l'alcool), *se shooter* (dans le cas de piqûre), *sniffer* (lorsqu'on respire la drogue). Les résultats sont que *l'on flippe* si le «voyage» est mauvais, ou que l'on est *cool* dans le cas contraire, le stade ultime étant *le délire.* Les drogués à l'héroïne sont *les junkys* et ceux qui vendent la drogue, *les dealers.* La plupart de ces mots ont d'ailleurs une signification internationale . . .

Pour conclure, nous aimerions préciser que s'il semble utile de pouvoir comprendre ces mots afin de suivre la lecture ou les discussions entre jeunes, il est à déconseiller aux étrangers de les employer!

C. v. B.

GLOSSAIRE – INDEX ALPHABETIQUE

un acide drogue chimique
se barrer partir
bouffer manger
le boulot le travail
la came, se camer la drogue, prendre de la drogue
chouette bien, beau, agréable, sympathique
chier 1. scheißen 2. ennuyer
pour pas un *clou* pour rien
con, conne personne sans intelligence (forte injure)
  à la con ridicule
  une connerie imbécilité, idiotie
cool calme
un dealer personne qui vend de la drogue
débile sens propre: personne faible d'esprit
  la débilité Schwachsinn, als Steigerung zum Positiven und zum Negativen, etwa wie «toll»
se défoncer prendre de la drogue
dégueulasse dégoûtant
le délire Rausch
dingue 1. fou 2. extraordinaire
drôlement très
se ficher ne pas faire attention
le flic l'agent de police
flipper devenir fou
le fric l'argent
  être friqué avoir de l'argent
fou (après le nom) beaucoup de
foutre mettre
s'en foutre être indifférent
se foutre par terre tomber par terre
en avoir rien à foutre en avoir rien à faire
je t'en fous tu parles!
foutre le camp partir
foutre à la porte mettre à la porte
fricky vient de l'anglais «freak», mode des jeunes
les fringues les habits
  fringué habillé
le gosse l'enfant
la gueule Maul
  gueuler crier
  pousser une gueulante crier après quelqu'un
  casser la gueule battre quelqu'un
l'herbe marihuana
le joint cigarette de haschish ou de drogue légère
junky personne se droguant à l'héroïne ou à l'opium
marrant drôle, bizarre
le mec l'homme
la nana la femme
les nippes vêtements sales et vieux
le pognon l'argent
planer se sentir bien au dessus des réalités (souvent avec l'aide de la drogue)
ras le bol assez
le rejeton l'enfant
rigoler rire
  la rigolade le rire
sacré maudit (sorte de préfixe qui renforce l'adjectif)
les sapes les habits
  sapé habillé
shooter piquer
sniffer respirer la drogue par les narines
le sou vieille pièce de monnaie de petite valeur
super sorte de préfixe qui veut dire très
vachement très
les vieux les parents ou encore tous les adultes

EXPLICATION DES SIGNES

L = mot à apprendre
* = langue populaire/argot (voir Glossaire)

I. J'EN AI TROIS …

J'en ai trois: un garçon et deux filles; Grégoire, Charlotte et Dorothée. A la suite d'événements qui ne sont pas dramatiques je les élève seule. Mon mari vit de l'autre côté de l'océan Atlantique. Nous passons nos étés avec lui, là-bas ou ailleurs. Au cours de l'année il y a des allées et venues, surtout au moment de Noël et de Pâques.

Ici, en France, nous vivons tous les quatre. Je devrais plutôt dire tous les dix, tous les vingt. Je ne sais pas exactement à combien nous vivons dans cet appartement. En fait, je n'ai pas de maison, j'ai un quatre-pièces qui appartient à mes enfants et à leurs copains dont le nombre est variable. Le centre du groupe est composé d'une douzaine d'adolescents, autour d'eux évoluent des «groupies».

Au début quand j'ai dit à mes enfants que leurs amis étaient les bienvenus, je l'ai fait parce que je ne connais rien de meilleur que l'amitié et je voulais que mes enfants profitent très vite de ses plaisirs et de ses lois. Le partage, l'échange, ce n'est pas si simple. L'amitié c'est une bonne école pour la vie.

Au départ il s'agissait d'enfants très jeunes. Ils venaient de l'école communale en courant, entre les cours du matin et ceux de l'après-midi puis un peu plus longtemps après la sortie de quatre heures et demie. Des volées de moineaux. La bicyclette, les patins à roulettes et la corde à sauter tenaient une grande place dans leur vie.

Un noyau s'est formé avec ceux qui étaient les plus libres de leur temps. Soit qu'il n'y ait personne chez eux, soit qu'ils ne fussent pas très surveillés pour des raisons diverses.

Comme ils perdaient sans cesse la clé de la porte d'entrée, j'ai décidé de la laisser sur la serrure dans la journée.

Les années ont passé. Ces enfants sont maintenant des adolescents; certains ont terminé leurs études secondaires. Beaucoup ne viennent pas du lycée. Ce sont des copains de copains: ils savent que la maison est ouverte. *Il y en a qui* restent, *d'autres qui* ne reviennent plus.

La clé est maintenant sur la porte jour et nuit.

Leur présence a bouleversé ma vie et j'en suis très heureuse. J'ai l'impression de vivre plus et mieux. Je ne suis plus du tout encombrée par les problèmes matériels secondaires. Je suis complètement soulagée des mondanités. La plupart de mes amis ont déserté les lieux. Ils sont violemment contre cette foule qui regarde, qui est là on ne sait pas pourquoi. En fait la vie est fruste ici mais il fait chaud. On peut toujours dormir si on ne sait pas où aller et on peut toujours manger des œufs ou des nouilles si on a faim. Les plus vieux ont vingt ans, les plus jeunes la quinzaine. Ils sont tous intéressants. Mais quelles responsabilités! Quel printemps menacé!

Jamais il ne m'arrive d'avoir envie d'enlever la clé de ma porte mais il m'arrive d'être épuisée. Pas le temps de m'occuper d'eux vraiment, pas le temps d'écouter vraiment ou de chercher vraiment la communication.

Annotations

9 *un quatre-pièces* un appartement de quatre pièces
11 L *un adolescent* jeune entre quatorze et vingt ans
18 *l'école communale* (f): école où vont les enfants de 7 ans jusqu'à 12 ans
21 *le moineau* Spatz
21 *le patin à roulettes* Rollschuh
23 L *le noyau* le centre fixe
25 L *surveiller* faire attention aux actions de quelqu'un
27 L *la serrure* Schloß
29 *les études secondaires* études faites au lycée
33 L *bouleverser* changer complètement
34 L *encombré* gêné par la quantité de quelque chose
35 L *secondaire* de moins grande importance
35 L *soulager* décharger
36 *les mondanités* (f): gesellschaftliche Verpflichtungen
38 *fruste* qui manque de raffinités
40 *les nouilles* (f): die Nudeln
44 L *épuisé* fatigué, erschöpft

Compréhension

1. Combien y a-t-il de personnes dans cette famille et lesquelles?
2. Qu'est-ce qu'il y a de particulier dans les rapports entre la mère et le père?
3. Comment se fait-il que la mère ne sait pas à combien ils vivent dans cet appartement?
4. Expliquez la phrase «L'amitié est une bonne école pour la vie».
5. L'appartement de la narratrice est une «maison ouverte». Qu'est-ce que cela signifie? Qui en profite?
6. Est-ce que ce mode de vie comprend seulement des avantages?

Commentaire/Sujets à discussion

1. Donnez une courte description de votre famille comme le fait la narratrice au début.
2. Quel genre de visites recevez-vous?
3. Avez-vous une maison ouverte? Pourquoi? Décrivez-en les avantages et les inconvénients.

Exercices

1. J'ai décidé de laisser la clé sur la serrure, parce qu'ils la perdaient sans cesse.
   Comme ils perdaient sans cesse la clé, j'ai décidé de la laisser sur la serrure.
   – Je ne suis pas venu, parce que j'avais trop de travail.
   – Vous ne gagnerez pas ce concours, parce que vous ne faites pas d'effort.
   – Il ne réussit pas, parce qu'il est paresseux.
   – Il ne retrouve jamais rien, parce qu'il est très distrait.
   – Elle fait ce qu'elle veut, parce qu'il lui pardonne tout.
   – Je ne risque pas de perdre mon permis de conduire, parce que je prends le métro quand je suis invité.
2. Quelques copains restent, d'autres ne reviennent plus.
   Il y en a qui restent, *d'autres qui* ne reviennent plus.
   – Quelques élèves jouent aux cartes, d'autres n'écoutent pas.
   – Quelques-uns ont de l'argent, d'autres ont le temps.
   – Quelques-uns apprennent le latin, d'autres étudient le français.
   – Quelques-uns de mes amis restent chez eux, d'autres partent en vacances.
   – Quelques fleurs sentent bon, d'autres fleurs ne sentent rien.
   – Dans notre groupe, quelques-uns parlent trois langues, et d'autres ne parlent que le français.

II. PORTRAIT DES ENFANTS

Grégoire, mon fils unique, l'aîné de mes enfants, *vient d'avoir dix-huit ans* la semaine dernière. Il est cubique. Il n'est pas grand et son corps est large et puissant. Sur la tête lui vient une crinière blonde extrêmement frisée qu'il coiffe à «l'afro». Quand il a commencé à laisser pousser ses cheveux c'était catastrophique. Ses boucles s'emmêlaient, il n'arrivait même pas à se brosser. On aurait dit un caniche mal entretenu avec des boules de poils par-ci par-là.

Il a toujours été un mauvais élève et depuis qu'il a neuf ans il veut devenir metteur en scène de cinéma. A cette époque il a eu l'occasion de regarder dans l'œilleton d'une caméra. Il est resté longtemps collé à l'appareil puis il s'est éloigné et il a déclaré:

– Ce qu'on voit par là, c'est plus beau que la vérité.

Et puis cela a été dit une fois pour toutes:

– Je serai metteur en scène.

Il a raison. Il a un œil et une pensée pour cela. Mais voilà, les places de stagiaires, même non payé, s'arrachent. Il fait des stages de montage. Pendant dix jours il est heureux comme un roi. Et puis plus rien. Il faut chercher, courir. Il n'a encore jamais travaillé sur un tournage. Il écrit des scénarios. Il aime être en famille. Il m'aime. Il ne s'en fait pas apparemment mais je sais qu'il se ronge. Heureusement il a la musique, la guitare, le banjo, les tablas. Avec des copains ils ont fait un petit orchestre.

Cette période me semble interminable.

Grégoire est brutal et tendre et il a une capacité de dormir au milieu de tous les bruits qui est exaspérante.

Après Grégoire vient Charlotte qui va bientôt avoir seize ans. Elle est de taille moyenne et je crois qu'elle ne grandira plus. Elle a les plus beaux yeux du monde.

Si Charlotte voulait faire attention à elle, elle serait belle. Mais elle *s'en fiche complètement. Certains jours on dirait une clocharde. *Plus les vêtements sont* fripés, déchirés, avachis, sales, et *plus ils lui plaisent*. Ses chaussures sont toujours éculées. Elle échange ses vêtements neufs, quand elle en a, contre les vieilles *nippes de ses copines. Elle a tendance à grossir.

Elle est la poésie et la fantaisie mêmes. Elle aime la méditation mais elle n'est pas secrète. Elle invente, elle crée. Elle a le goût des mots. Si elle tombe sur un mot qu'elle ne connaît pas elle en cherche immédiatement la signification.

Elle travaille normalement, parfois bien. Elle entre en seconde.

De mes trois enfants seule Charlotte est vraiment attirée par l'univers *débile. Univers que j'ai découvert cette année. Univers à cause duquel j'écris ces pages. Non pas pour témoigner mais pour essayer d'y voir clair, pour faire le point jour après jour.

Enfin vient Dorothée qui aura quatorze ans dans quelques jours. L'œil marron comme moi. Le cheveu blond et ondulé, le corps élancé. Sportive, nette, rigoureuse, tirée à quatre épingles, ravissante, excellente élève. Elle entre en troisième. *Elle est née contestataire*. Elle conteste tout systématiquement. Elle conteste la contestation. Je ne sais pas ce qu'elle deviendra mais je l'imagine facilement en jeune technocrate belle et intelligente, organisée, folle de design, de modes modernes, dans un intérieur bien rangé et *super-cérébral. Elle est très secrète. Je suis certaine qu'elle a une vie intérieure mais je ne la connais pas. Elle peut lire pendant des heures et des heures, rester seule dans sa chambre. Elle pique des colères terribles qui font trembler les murs et claquer les portes. Elle participe peu à la vie de son frère et de sa sœur qu'elle conteste évidemment. Elle a de la justice un sentiment aigu et sans nuances si bien qu'elle est capable de générosité et de mesquinerie: c'est juste que les gens soient absolument égaux, c'est injuste qu'elle fasse son lit si sa sœur n'a pas fait le sien ... Il n'y a pas à discuter, elle manipule très bien la dialectique, elle ne lâche jamais le morceau quand elle le tient. Les discussions avec elle sont épuisantes à cause de ses «c'est juste», «c'est pas juste», «c'est injuste».

Et moi là-dedans, qu'est-ce que je fais? Je suis leur mère. J'ai vingt-cinq ans de plus que l'aîné et vingt-neuf de plus que la plus jeune. Je les ai désirés très fort, tous les trois. Je n'en reviens pas encore d'avoir mis au monde des êtres humains aussi vivants, aussi beaux, aussi intelligents, aussi bêtes, aussi collants, aussi indépendants, aussi différents. Quand ils étaient dans mon ventre ils étaient des étrangers. Maintenant, plus ils grandissent et plus je me sens proche d'eux. Plus ils grandissent et moins je me sens responsable de leur corps. Plus ils grandissent et plus je me sens responsable de leur pensée.

Mon expérience, que je ne veux surtout pas exemplaire, m'a amenée à constater la faillite de l'éducation traditionnelle donnée dans une famille bourgeoise. Humainement parlant. (Matériellement c'est encore la meilleure recette de «réussite».) Or je suis née bourgeoise et je ne connais vraiment bien que la vie bourgeoise. Même si je deviens une ouvrière ou une paysanne je serais une bourgeoise. Mon mari aussi. Nos enfants sont des enfants de bourgeois. Comment les rendre libres sans en faire des gauchistes de luxe ou des militants à la Baden Powell? Comment les installer dans leur vraie peau et leur permettre de choisir?

La suppression des clés sur les portes a été mon premier geste. Je ne savais pas que cela m'entraînerait aussi loin. Je croyais supprimer le culte de la propriété et c'est la vie des adolescents qui est entrée: confuse, multiple, simple, vraie, dure. Je suis la seule adulte. D'un jour à l'autre je passe de l'abattement à la joie, de l'espoir au désespoir, du doute à la confiance.

Essayer de ne rien imposer mais de participer. Pourtant je dois sans cesse tenir compte du fait que ma voix n'est jamais égale à une des leurs. Car je suis d'une part une adulte, d'autre part celle, qui, matériellement, assure leur réunion, c'est-à-dire celle qui va dans la société gagner l'argent permettant de payer le loyer et d'acheter des nouilles, et enfin, en ce qui concerne mes enfants, je suis leur mère. Concept qui, malgré tous mes efforts, continue à s'apparenter par moments à celui qu'on leur montre à l'extérieur.

Quand Dorothée était en septième elle a eu comme sujet de composition française: «Faites le portrait de votre mère.» Elle racontait sur une page que sa mère avait les cheveux gris tirés en chignon et que, au retour de l'école, on la trouvait en train de tricoter au coin de la cheminée.

— Pourquoi as-tu raconté ça?

— Parce que la maîtresse aimera mieux ça que si je lui dis que tu conduis la voiture à toute vitesse et que tu travailles dans la publicité avec des gens *marrants.

— Et toi, tu aimerais avoir une maman comme ça?

— Oh ben non, j' sais pas.

Elle ne savait plus. Elle commençait à trouver que sa famille n'était pas très normale et peut-être en avait-elle honte.

Annotations

4 *la crinière* Mähne
5 *frisé* gekräuselt
6 *la boucle* Locke
7 *le caniche* Pudel
10 L *le metteur en scène* Regisseur
11 *l'œilleton* Sucher
17 *le stagiaire* Praktikant
17 *s'arracher quelque chose* sich um etwas reißen
17 *le montage* Schnitt und Zusammenstellung
19 *le tournage* action de tourner un film
21 *se ronger* se faire du souci intérieurement; «nagen»
22 *le tabla* petit tam-tam
26 *exaspérer* énerver vivement
32 *fripé* zerknittert
32 *avachi* sans forme
33 *éculé* usé
37 L *secret* renfermé
40 *la seconde* ici: classe trois ans avant le baccalauréat
44 L *faire le point* sich einen Überblick verschaffen
46 *ondulé* gewellt
46 *élancé* groß und schlank
47 *tiré à quatre épingles* habillé avec beaucoup de soin
47 L *ravissant* très joli
48 *contestataire* personne qui refuse un système ou une opinion
52 *cérébral* intellectuel
55 *piquer des colères* se mettre en colère tout d'un coup
58 L *la générosité* qualité de quelqu'un qui donne volontiers
58 L *la mesquinerie* étroitesse d'esprit
60 L *manipuler* se servir de
62 L *épuisant* fatigant
66 *ne pas en revenir* être étonné
68 *collant* (fam): qui suit toujours quelqu'un
74 L *la faillite* Bankrott, Mißerfolg
80 *les gauchistes* les personnes de l'extrême gauche, notion née après 1968
80 *Baden Powell* général anglais (1857–1941), fondateur du scoutisme
82 *la suppression* ici: fait d'enlever
84 L *un adolescent* voir «J'en ai trois ...»
85 L *multiple* nombreux, varié
86 *un abattement* Niedergeschlagenheit
88 L *imposer quelque chose à quelqu'un* imposer ses idées aux autres: forcer les autres à accepter ses idées
92 *les nouilles* voir «J'en ai trois ...»
94 *s'apparenter* ressembler
98 *le chignon* Haarknoten
106 *oh ben* (fam) oh bien

Compréhension

Grégoire

1. Qu'est-ce qui est le plus remarquable dans l'aspect physique de Grégoire?
2. Qu'est-ce qu'il fait dans la vie?
3. Il veut être metteur en scène. Depuis quand?
   Qu'est-ce qu'il fait pour réaliser ce désir?
4. Donnez quelques aspects de son caractère.

Charlotte

5. Qu'est-ce qu'il y a de remarquable chez Charlotte
   – dans son aspect physique
   – dans son caractère?

Dorothée

6. En quoi consistent les qualités de Dorothée?
7. Que veut dire: «elle conteste la contestation»?

la narratrice

8. Quel âge a-t-elle?
9. Comment évoluent les rapports mère-enfants avec le temps?

l'éducation anti-bourgeoise

10. Qu'est-ce que vous entendez par une «éducation traditionnelle donnée dans une famille bourgeoise»?
11. Quels principes guident l'éducation pratiquée par la narratrice?
12. Quelles difficultés est-ce que la mère rencontre (dans l'application de ses principes)?

Commentaire/Sujets à discussion

1. En quoi diffère Dorothée du reste de la famille?
2. Faites le portrait d'un frère, d'une sœur ou d'un ami.
3. Quelles sont les libertés que vous aimeriez avoir ou que vous avez déjà dans votre famille?

Exercices

1. Il n'y a pas longtemps que Grégoire a 18 ans.
   Grégoire *vient d'avoir 18 ans.*
   – Il y a quelques minutes que nous l'avons rencontré.
   – Il n'y pas longtemps que les policiers sont passés.
   – Est-ce que tu as parlé à Jacqueline, il y a quelques minutes?
   – Elle est mariée depuis 3 jours seulement.
   – Il y a quelques minutes, vous vous êtes énervés pour rien.
   – C'est le sujet dont nous avons parlé tout à l'heure.
2. Les vêtements fripés lui plaisent beaucoup.
   Plus les vêtements sont fripés et plus ils lui plaisent.
   – Une grande maison demande beaucoup de travail.
   – Ils faisaient de longues marches et ils étaient très fatigués.
   – Quand on mange de la glace, on a très soif.
   – Mon ami me parlait d'une certaine maladie, et je croyais finalement l'avoir.
   – Sa mère le grondait toujours, alors il ne l'écoutait plus. (Attention!)
   – Quand on roule très vite, on court des risques.
3. Depuis sa naissance elle conteste.
   Elle est née contestataire.
   Attention aux différentes terminaisons des substantifs!
   – Il aime les arts depuis sa naissance.
   – J'ai la diplomatie dans le sang.
   – Tu fais de la physique depuis ta naissance.
   – Vous avez la poésie dans le sang.
   – Je vis à la campagne depuis toujours.
   – Pierre aime rêver, Paul a les pieds sur terre.
   – Quand j'étais petit, je construisais déjà des petites maisons.

III. LA BANDE DE CLAMART

Charlotte est maussade depuis quelque temps. Exactement depuis qu'elle est entrée dans le groupe de Clamart. Une bande de garçons qui ont une grande qualité: ils sont beaux. Ça ne court pas les rues et, à l'âge de Charlotte, cela n'est pas négligeable, je le comprends bien — au mien non plus du reste. *Ce qu'il y a d'ennuyeux c'est qu'*elle ne parvient pas à dissocier la beauté du reste. S'ils sont beaux ils sont bien. Or ils sont détestables. Une poignée de crevures, d'épluchures, contestant une société de laquelle ils ne savent pas se passer, vivant aux crochets de leurs parents. Ils ont abandonné leurs études et font de petits *boulots de bureau ou de manutention, petits boulots qu'ils prennent aux jeunes ouvriers qui, eux, sont au chômage. Ce n'est pas difficile pour leurs parents de téléphoner à droite ou à gauche: «Dites donc j'ai un fils ou un neveu qui est un peu excentrique. Il cherche un petit emploi qui lui permettrait de gagner son argent de poche et de faire le point en attendant de reprendre ses études.» «Envoyez-le au chef du personnel, on va essayer d'arranger ça. Justement nous venons de trouver quelque chose pour le fils de . . . (suit le nom d'une comédienne très célèbre).» Ils y restent un mois, une semaine ou trois jours puis s'en vont.

Pendant tout ce temps ils critiquent la «*débilité» des gens avec lesquels ils travaillent. Puis ils font un coup d'éclat de princes et s'en vont raconter ça à papa et maman, ces débiles, qui sauront bien leur trouver autre chose, qui préfèrent garder leurs *rejetons dans n'importe quel état plutôt que de les voir partir sur les grandes routes.

Malgré la liberté et l'égalité apparentes qui règnent dans le groupe entre garçons et filles, les filles sont toujours des objets pour les garçons, comme pour leurs pères débiles. Ce sont des *gosses de riches qui se donnent des allures prolétaires et qui agissent comme des réactionnaires. Ils se disent anarchistes. Ils parlent de Sacco et Vanzetti, mais leur anarchie à eux, c'est celle du luxe. Ce sont des individualistes, des égoïstes. Une communauté pour eux est un lieu où chacun fait ce qu'il veut. Quand il devient nécessaire d'établir une règle à l'intérieur du groupe, la communauté saute. Je ne connais pas beaucoup de communautés qui aient résisté au temps. Car ces gosses-là ne veulent pas vraiment la révolution. Ils ne veulent pas détruire une société pour en construire une autre. Ils sont des enfants gâtés qui veulent faire ce qui leur plaît quand ça leur plaît.

Les trois ou quatre garçons qui forment le noyau central de la bande de Clamart, les propriétaires, les mécènes, les patrons du harem, ont décidé l'année dernière de travailler et de mettre leurs gains de côté pour se payer un voyage en Afrique. Ils partiraient, déambuleraient, couperaient les amarres. Cette décision les a rendus admirables: ils sortaient de leur condition bourgeoise, ils allaient devenir des ouvriers ou des vagabonds, ils seraient libres.

Le voyage en Afrique qui était une réalité il y a un an est devenu un mythe et même un sujet de *rigolade pour les satellites. Mais pour entretenir cette pensée aussi bien dans leur esprit que dans celui de leur cour, ils se font faire des piqûres contre le choléra, la fièvre jaune, etc. Il y a eu les piqûres puis les rappels de piqûres.

L'événement revient à intervalles réguliers:

– Ils ont eu leur rappel, ils sont fatigués.

Cela veut dire que les filles doivent aller chez eux avec des cigarettes, qu'elles doivent les distraire, être dociles et les servir.

Ce qui est le plus enrageant c'est de voir ces pauvres filles participer aux manifestations du MLF.

Annotations

2 *maussade* de mauvaise humeur

4 *ça ne court pas les rues* (fam): il n'y en a pas beaucoup

5 *cela n'est pas négligeable* c'est important

7 *dissocier* distinguer

8 *une poignée* quantité qui tient dans la main le poing: Faust

8 *la crevure* déchet, ordure

8 *l'épluchure* peau de légumes que l'on jette; ici: bon à jeter (sens fig.)

8 *contester* refuser un système ou une opinion

9 *vivre aux crochets* vivre sur le compte des autres

11 *le travail de manutention* Handlanger-dienste

15 L *faire le point* voir «Portrait des enfants»

21 *un coup d'éclat* action qui a un grand écho

29 *Sacco et Vanzetti* anarchistes des années 20 aux Etats-Unis

33 *sauter* exploser

36 L *enfant gâté* verwöhntes Kind

38 L *le noyau* voir «J'en ai trois»

39 *le mécène* personne qui soutient par de l'argent des artistes, des œuvres etc., Mäzen

40 L *le gain* somme d'argent que l'on gagne

41 *déambuler* aller ici et là sans but précis

42 *couper les amarres* se détacher complètement
une amarre: corde pour attacher un bateau

49 *le rappel* deuxième piqûre pour une vaccination
la vaccination: Impfung

53 *docile* ici: qui se laisse faire

54 L *enrager* être en colère

55 *M.L.F.* Mouvement de Libération des Femmes, association de femmes luttant pour leur émancipation

Compréhension

1. Pourquoi Charlotte est-elle attirée par le groupe de Clamart? (Donnez plus d'une raison.)
2. Pourquoi la mère déteste-t-elle ce groupe? (Donnez plus d'une raison.)
3. Comment les garçons du groupe trouvent-ils des petits emplois malgré le chômage général?
4. Pourquoi ces projets d'un voyage en Afrique?

Commentaire/Sujets à discussion

1. Est-ce que vous connaissez des groupes/des bandes de jeunes? Décrivez-les.
2. Faites le portrait critique d'un groupe.
3. Connaissez-vous d'autres situations où il faut avoir du piston (Beziehungen) pour réussir? Lesquelles?

Exercices

Elle ne parvient pas à dissocier la beauté du reste.
Ce qui est ennuyeux.
*Ce qu'il y a d'ennuyeux c'est qu'*elle ne parvient pas à dissocier la beauté du reste.
– Je peux dormir chez lui. Ce qui est agréable.
– Il faut manger au restaurant. Ce qui revient cher.
– Ils ne se trompent jamais. Ce qui est étonnant.
– Nous pouvons participer à toutes les activités. Ce qui est merveilleux.
– Elle court sans se fatiguer. Ce qui est extraordinaire.
– Vous avez une cantine au bureau. Ce qui est économique.

IV. CHARLOTTE ET LA PILULE

Quand Charlotte allait avoir quatorze ans, pour les vacances du 1er mai, elle a passé quelques jours en Avignon avec son frère. Là elle a rencontré Alain, un des copains de Grégoire, et ils sont tombés follement amoureux l'un de l'autre. Elle est rentrée à Paris habitée par cet amour, elle *planait, elle était heureuse. Ils ont commencé à s'écrire. Je n'osais pas trop intervenir ou si je le faisais c'était sur le ton de la plaisanterie. D'elle-même elle me racontait un peu son histoire. En cachette, pendant qu'elle était au lycée, j'ai lu des lettres du garçon. Elles étaient gaies, honnêtes, respectueuses. Alors j'ai été moi-même folle de joie, je sentais que c'était un bon morceau du gâteau qu'elle avait pris.

Le problème était que Grégoire avait invité Alain à passer l'été au Canada avec nous. Là-bas les enfants sont libres. Le pays est immense, vide. C'est l'endroit rêvé pour le camping, les randonnées. Cette année Charlotte allait mener cette vie qu'elle a toujours aimée avec un garçon dont elle était amoureuse.

Physiquement elle était une femme faite. Son corps de petite fille s'était complètement effacé au cours de l'année. Ses seins avaient fini de pousser, elle ne grandissait plus.

J'ai lontemps tourné autour du pot puis je lui ai parlé.

– Tu sais que tu vas vivre deux mois au Canada avec Alain, que tu y sera très libre et que je ne t'empêcherai pas d'être libre comme avant. Que crois-tu qu'il va se passer?

Elle me regarde de ses très beaux yeux clairs avec attention et amusement.

– Et toi qu'est-ce que tu crois qu'il va se passer?

– Eh bien je crois que tu vas faire l'amour avec Alain.

– Je le crois aussi.

– Cela ne me choque pas. Je le comprends même très bien. Je ne connais pas ce garçon mais, en cachette de toi, j'ai lu une ou deux des lettres qu'il t'envoie. Il me plaît. *Je n'irai pas te poser de questions ni t'ennuyer*. Mais tu sais qu'en faisant l'amour tu risques d'avoir un enfant.

– Oui, justement.

– Est-ce que tu aimerais voir un docteur?

– Oui, mais si tu viens avec moi.

– D'accord.

Je prends rendez-vous et explique par téléphone au gynécologue la raison de ma visite.

Quand on appelle le nom de ma fille je reste assise dans la salle d'attente.

Elle me tire par le bras.

– Je n'irai pas seule, viens avec moi.

Nous voilà toutes les deux en face du médecin qui commence à parler, à poser des questions. Charlotte intimidée répond par monosyllabes. J'avais parlé d'une fille tout à fait mûre, capable, et c'est une petite fille de quatorze ans à peine qui se tient là dans un fauteuil à écouter un gynécologue parler de la vie sexuelle, de ses organes sexuels à elle. C'est un peu choquant, le docteur en prend conscience et me regarde par moments d'un air de dire: «Vous êtes folle, elle est trop jeune.»

Finalement nous faisons tout ce qu'il faut pour que Charlotte ait les pilules qui lui conviennent.

Quelques jours après je prends le bateau, les enfants l'avion cinq jours plus tard, si bien que nous arrivons ensemble de l'autre côté de l'Océan. Je suis à l'aéroport pour les accueillir tous à la descente de leur charter. Je rencontre Alain pour la première fois, je le trouve beau et intéressant, extrêmement plaisant. Il s'agrippe à sa guitare comme à un radeau. Il a dix-huit ans.

Jamais au cours de l'été je n'ai essayé de les épier. Je n'ai pas posé une question, pas cherché à savoir ce qu'ils faisaient. Eux, avec la pudeur des jeunes, se tenaient parfaitement bien, aucun exhibitionnisme. Charlotte ne m'a pas dit un mot.

Retour à Paris je me rends compte rapidement que leur histoire n'est plus passionnée. Elle a même l'air d'être terminée. Les lettres sont rares. Charlotte n'est ni excitée ni anxieuse, toujours silencieuse avec moi.

Finalement un jour je mets les pieds dans le plat.

– Où en es-tu maintenant avec Alain?

– C'est fini.

– Comment se fait-il?

Elle fait un geste du bras comme pour dire: «Je ne sais pas, c'est la vie.» *Elle n'a l'air ni triste ni désabusée.*

– Est-ce que tu as fait l'amour avec lui?

– Non, penses-tu, je ne suis pas encore mûre pour ça.

Elle m'a dit cela si paisiblement, avec une telle sagesse que j'en ai été bouleversée.

C'est à cause de faits comme celui-là que je pense que Charlotte a le droit d'avoir une vie à elle.

Annotations

14 L *la randonnée* une grande promenade
20 *tourner autour du pot* ne pas dire tout de suite ce que l'on a à dire, mais faire des détours «wie die Katze um den heißen Brei gehen»
51 *la pilule* die «Pille»
56 *s'agripper* sich festklammern
56 *un radeau* Floß
58 L *épier* espionner
59 *la pudeur* Schamhaftigkeit
64 L *excité* énervé
64 L *anxieux* qui n'est pas tranquille, très inquiet
65 *mettre les pieds dans le plat* dire les choses sans égards, d'un coup
70 L *désabusé* blasé, qui a déjà tout vu
74 L *bouleversé* ému

Compréhension

1. Comment est-ce que la mère sait que Charlotte et Alain s'aiment beaucoup?
2. Pourquoi se fait-elle des soucis?
3. Chez le gynécologue, il y a une légère surprise pour la mère. Laquelle et pourquoi?
4. Comment Charlotte et Alain se sont-ils conduits pendant les vacances au Canada?
5. Pourquoi, d'après la mère, Charlotte a-t-elle «le droit d'avoir une vie à elle»?

Commentaire/Sujets à discussion

1. Comment jugez-vous l'attitude de la mère envers sa fille? Est-elle très libérale? (Pensez à la lettre qu'elle a lue.)
2. Quels sont les motifs qui amènent la narratrice à tolérer et même à faciliter l'amour de sa fille?
3. A sa place, est-ce que vous auriez agi de la même façon? Et vos parents?
4. La narratrice parle d'un exhibitionnisme possible en amour. Expliquez ce qu'on peut comprendre par là et dites, si cela est très ou peu répandu parmi les jeunes.

Exercices

1. Elle a l'air triste ou désabusée?
   Non, *elle n'a l'air ni triste ni désabusée.*
   — Il a l'air gai ou amusé?
   — Il a l'air fâché ou contraint?
   — Ils sont désordonnés et sales?
   — On parle italien et français?
   — Il est allemand ou autrichien?
   — Ils ont faim et soif?
2. J'irai te poser des questions et t'ennuyer.
   Je n'irai pas te poser de questions ni t'ennuyer.
   — Il veut manger chez vous et en plus de l'argent.
   — On peut respirer de l'air pur et se promener dans les bois.
   — Je veux acheter des légumes au marché et regarder la foule des clients.
   — J'ai besoin de conseils et d'être aidé.
   — Il ose te déranger et te demander un service.
   — Ils vont t'aider à réparer la voiture et à la vendre après.

V. L'AVORTEMENT DE FRANÇOISE

Ce matin Françoise est arrivée à Londres. Elle doit déjà être dans sa clinique. *Je ne peux m'empêcher de* penser à cette enfant de seize ans.

J'essaie de faire un effort pour ne pas me mettre, moi, à sa place, pour penser comme elle. Ce n'est pas facile. Les valeurs morales ont changé, les craintes, les avenirs aussi. Elle redoutait ce séjour à Londres, cet avortement. Sa position était beaucoup plus saine, plus vraie que celle que j'aurais eue à son âge. Pas de honte, pas de mystère. Seule la peur de ses parents ressemblait à ce que j'aurais pu éprouver. Par ailleurs, elle sait très bien ce qu'est un avortement physiquement, elle sait qu'elle a un enfant dans son ventre et qu'elle va le supprimer. Son angoisse avant de partir venait de là: un peu de peur physique et surtout la conscience qu'elle va se séparer d'un petit auquel elle tenait d'une façon instinctive, animale. Elle parlait de ce fœtus en employant le pronom personnel «Il» ce qui lui donnait une présence. Elle ne disait pas: «Dans l'état où je suis», ou: «J'en suis au deuxième mois», etc. Mais: «Il a deux mois maintenant.» «Quand il sera plus grand on ne pourra plus le faire partir.» Cela me touchait tant que j'ai plusieurs fois parlé avec elle.

– Tu tiens à cet enfant?

– Oui.

– Pourquoi ne le gardes-tu pas?

– Les *vieux en mourraient.

– S'il n'y a que cette raison, tu dois leur parler. Peut-être que ça va leur flanquer un coup terrible pendant un moment puis ils s'en remettront et finiront par l'accepter. *Tu ne peux pas te séparer* de ton enfant, si tu y tiens vraiment, *uniquement pour faire plaisir* à tes parents. Ils t'aiment trop pour vouloir cela eux-mêmes. Quand vous parlez de vos parents vous oubliez souvent l'essentiel: ils vous aiment. Mal peut-être mais ils vous aiment.

– Il y a aussi que j'aurai d'autres enfants et que je préférerais avoir un enfant d'un homme que j'aime.

– Tu es sûre que tu n'aimes plus Simon.

– Certaine. J'etais amoureuse folle de lui et depuis le jour où nous avons fait l'amour c'est fini complètement. Tout d'un coup je l'ai vu tel qu'il est. Il est idiot. Il est beau et il est idiot.

Je l'avais rencontré au lycée et il m'a fait entrer dans le groupe de

Clamart. Lui aussi il était amoureux de moi. A la fin de l'année, en juin, il m'a dit: «Cet été on ira ensemble dans la maison de mes parents, dans le Midi.» J'ai raconté des salades aux parents et je suis partie. Les parents de Simon n'étaient pas là. Il y avait tous les copains du groupe. Simon et moi on dormait dans la même chambre, dans le même lit. Un grand lit très haut. Moi, je crevais d'envie de faire l'amour avec lui. Eh ben ma *vieille, tu peux me croire, il n'y est pas arrivé! Pourtant ça a duré plusieurs semaines ce cinéma. On était excités tous les deux, il m'embrassait, il faisait noir. Il commençait à s'agiter. Mais alors, à s'agiter comme un fou! Il était partout à la fois dans le lit, à la tête, aux pieds. Moi, je n'y comprenais rien, je m'attendais à ce qu'il se passe quelque chose. Je savais pas quoi faire. Et tous les soirs c'était pareil, j'entendais un grand bruit, c'était Simon qui se *foutait par terre. Moi, à chaque fois, c'était plus fort que moi, j'attrapais le fou rire. Tu sais, j'étais tellement énervée et c'était tellement ridicule cette situation. Lui, ça le vexait que je rie, alors il s'en allait dormir ailleurs. A chaque fois je me disais: «Demain je ne *rigolerai pas» mais je ne pouvais pas m'en empêcher. Quand on est rentré ici, on avait tout fait sauf l'amour. Et puis en octobre, chez lui, dans sa chambre, il y avait tous les copains dans la maison et ses parents aussi, il s'est déshabillé, il m'a sauté dessus, il respirait fort, il m'a fait mal. Cette fois j'ai bien senti qu'il était allé plus loin. Il y a justement quelqu'un qui a ouvert la porte de sa chambre à ce moment-là. Il a bondi hors du lit comme un diable, il a enfilé son pantalon et il est sorti. J'ai pensé que je n'étais plus vierge.

«Le pire c'est qu'on n'a plus jamais recommencé. On n'en avait plus envie ni lui ni moi. D'un coup je n'étais plus du tout amoureuse de lui, tu vois. Maintenant je suis enceinte. J'en suis sûre.»

— Et ses parents, ils sont au courant?

— Sa mère, oui, mais elle rouspète parce qu'elle m'avait donné des pilules.

— Et tu ne les as pas prises.

— Si, je les ai prises. Mais elles me rendaient malade. C'était pas les pilules qu'il me fallait. Elle, elle m'a donné ce qu'elle avait sous la main. Alors, comme il ne se passait rien et que j'en avais *ras le bol d'avoir mal au cœur toute la journée avec ces *sacrées pilules, j'ai arrêté de les prendre.

J'ai essayé de savoir auprès des copains si cette histoire était vraie. Oui, elle l'était. Et c'était vrai aussi que Françoise était enceinte. Les analyses étaient positives. Ils se sont tous débrouillés pour trouver qui de l'argent, qui une adresse à Londres, qui des billets pour l'Angleterre au rabais. Ils ne l'ont pas laissée tomber.

Françoise a un frère aîné qui est marié. J'ai pensé qu'il devait être mis au courant. C'était vraiment insensé de voir cette enfant partir seule pour l'Angleterre. Et s'il lui arrivait quelque chose!

Le frère a accepté de l'accompagner là-bas avec sa femme et de participer financièrement. Mais à condition de ne s'occuper de rien d'autre. Il était d'accord avec sa petite sœur: pour rien au monde les parents ne devaient apprendre quoi que ce soit.

Les jours passaient. Je ne voyais toujours pas partir Françoise.

– Qu'est-ce que tu attends? Tu as changé d'avis?

– Non, mais on sait pas parler anglais. On sait pas téléphoner à la clinique.

– Bon, je vais le faire. Tu aurais pu le dire plus tôt. Tu sais que tu ne dois pas traîner dans cet état.

Je fais le numéro. A la clinique on décroche. Je commence à donner des explications compliquées. J'étais *drôlement gênée. Je raconte que j'ai un retard important que la ... que le ... qu'un docteur qui, que, quoi ...

– *One moment, please.* Vous êtes française?

– Oui.

– Bien. Voulez-vous m'indiquer le numéro du vol de votre avion? Une infirmière de la clinique ira vous chercher à l'aéroport.

– Quand?

– Le jour de votre choix. Vous n'aurez qu'à nous prévenir la veille du jour et nous indiquer le numéro du vol. Vous êtes au courant de nos tarifs? C'est 2500 francs.

Voilà, c'est tout, ce n'est pas compliqué. Quand on a les moyens.

Françoise est partie pour Londres où elle s'est fait avorter. Elle est partie là-bas avec son frère, sa belle-sœur et Grégoire. Tout s'est très bien passé.

Au retour c'était le délire. Formidable. Rien senti. Londres est une ville fantastique. C'est là-bas qu'il faut vivre.

Après toutes les considérations sur Londres, Françoise s'est mise à parler de la clinique et de la fille qui était dans la même chambre qu'elle. Elle était enceinte de cinq mois et demi et elle a dit qu'elle était enceinte de trois mois. C'est seulement sur la table d'opération qu'ils se sont rendu compte de la vérité.

Pendant que Françoise était là ils l'ont opérée pour la troisième fois.

— Elle avait des tuyaux qui lui sortaient par le nez et des aiguilles dans les bras reliées à des bocaux suspendus. C'était terrible. Elle souffrait sans arrêt. Elle a dix-huit ans et elle a déjà un enfant de deux ans et son mari *s'est barré.

— Mais pourquoi est-ce qu'elle est venue si tard?

— Parce qu'elle ne trouvait pas d'argent. Tu crois qu'elle va mourir?

— Je ne sais pas.

— Je pense à elle sans arrêt. Tu sais Londres c'est vraiment *chouette, il faut que tu y ailles. Nous avec Grégoire on y retourne le plus tôt possible.

Comment peut-elle dire cela alors qu'elle n'a pas un *sou, qu'il faut qu'elle rende des comptes quotidiens de ses agissements à ses parents? Comment peut-elle être aussi insouciante au milieu de ses mensonges, de ses déceptions?

Peut-être n'est-elle pas insouciante.

Annotations

1 *l'avortement* (m) Abtreibung
11 L *supprimer* ici, se débarasser
11 L *angoisse* (f) peur confuse et profonde
13 L *tenir à* ici: aimer
14 *le fœtus* se prononce [fetys]
24 *flanquer un coup* donner un coup
25 L *se remettre de quelque chose* retrouver le calme et la santé
39 *le Midi* le sud de la France
39 *les salades* (argot): les histoires sans importance
42 *crever d'envie* (fam) mourir d'envie
44 L *excité* voir «Charlotte et la pilule»
52 L *vexer* beleidigen, verärgern
59 *bondir* sauter
59 *enfiler un pantalon* mettre un pantalon
60 *une vierge* Jungfrau
63 L *être enceinte* attendre un enfant
65 L *rouspéter* meckern
74 *pour trouver qui ..., qui ..., qui ...:* pour trouver un premier ..., un second ..., un troisième ...,
76 *le rabais* la réduction de prix
78 *insensé* fou
83 *quoi que ce soit* ici: überhaupt nicht
90 L *décrocher* répondre au téléphone, den Hörer abnehmen
115 *le bocal* récipient en verre
125 *un agissement* action
127 *la déception* Enttäuschung

Compréhension

1. Pourquoi Françoise veut-elle absolument se faire avorter?
2. Quel rôle jouent les parents de Françoise?
3. Résumez l'histoire de Françoise et de Simon.
4. Qu'est-ce qu'il fallait faire pour organiser cet avortement?
5. Comment Françoise réagit-elle à sa grossesse et après son avortement?

Commentaire/Sujets à discussion

1. Comparez les rapports Charlotte-Alain à ceux de Françoise-Simon.
2. La narratrice trouve que Françoise a une attitude plutôt saine, vraie. Etes-vous du même avis?
3. D'après vous, à qui la faute de cette mésaventure? A Françoise, à Simon, aux copains, aux parents, à la société?
4. Pourquoi l'auteur raconte-t-il l'histoire de l'autre jeune fille à la clinique?
5. Quelle est la pratique actuelle de l'avortement dans notre République fédérale? Qu'en pensez-vous?

Exercices

1. Je pense souvent à cette enfant.
   Je ne peux m'empêcher de penser à cette enfant.
   – Françoise attrapait à chaque fois le fou rire.
   – Il téléphone chaque jour à son amie.
   – Même en classe ils parlent.
   – Nous fumons quand même.
   – Je ne veux pas regarder cette photo, mais je le fais quand même.
   – Elle essayait en vain de retenir ses larmes. (Attention!)
2. Tu te sépares de ton enfant seulement parce que tu veux faire plaisir à tes parents?
   Tu ne peux pas te séparer de ton enfant
   uniquement pour faire plaisir à tes parents.
   – Tu prends la voiture seulement parce que tu dois poster une lettre?
   – Tu vas à Munich seulement parce que tu veux boire de la bière bavaroise?
   – Vous n'allez pas à cette soirée seulement parce qu'il y a un film policier à la télévision? (Attention!)
   – Vous achetez ce livre parce que vous voulez y copier quelques phrases?
   – On va construire un hôtel à cet endroit parce qu'on doit loger les participants de ce congrès?
   – Tu quittes le lycée parce que tu veux gagner de l'argent?

VI. SOUVENIRS D'UN AMOUR DE JEUNESSE

Ce soir je suis seule chez moi. Cela ne m'était pas arrivé depuis des mois, probablement des années. Ils sont partis à droite, à gauche, au cinéma, au théâtre, à Clamart ... J'ai mis sur le magnétophone «Country Joe and the Fish», il y a là-dedans un bon rock'n roll qui me transporte tout droit aux beaux jours de ma jeunesse. Je suis heureuse.

Je me souviens avec tendresse des dimanches durant l'été de mes quinze ans.

La préparation à la messe était toute une affaire. Comment se débrouiller pour être à la fois jolie pour Jean-Pierre et correcte pour ma mère. Plaire aux deux!

Éviter les couleurs voyantes et les robes trop dénudées. *Quelles complications!* Cela occupait mon esprit depuis le samedi soir. En avant, à la parade! Les chaussettes de fil bien tirées sur mes mollets d'adolescente, le canotier sur la tête et toujours ces sacrés gants. Encore aujourd'hui les gants me font transpirer, je ne les supporte pas. J'en avais une boîte pleine, en coton, en piqué, en velours, en filet, en cuir. Toujours blancs pour l'été avec un bouton de nacre ou une grosse pression, des nervures sur le dos. Comme Mickey!

J'aimais la messe car elle était le prélude à ces longues et belles journées de dimanche où tout le monde se retrouvait sur la plage vers midi.

«Introibo ad altare Dei, ad Deum qui laetificat juventutem meam»: mon Jean-Pierre dans les vagues. Quel bonheur!

«Ecce agnus Dei, ecce qui tollit peccata mundi»: on plonge à trois mètres de fond, on se frôle, on frôle les algues, quelle joie!

«Kyrie eleison»: je lui donnerai ma main à la prochaine séance de cinéma, quelle chance!

«Ite missa est»: je vais le voir tout de suite, avec son col dur, sa cravate et ses cheveux fins qu'il aura mouillés et coiffés sur le côté pour les discipliner. Quelle beauté!

Je savais que mon heure ne viendrait qu'après le déjeuner. En attendant je nageais, je faisais du bateau avec les autres, avec Jean-Pierre.

Les parents installés sur la plage comme au théâtre, dans des transats ou des fauteuils de rotin, à l'ombre de parasols frangés de pompons blancs. Chaque famille devant sa maison. Une douzaine de familles en tout. Les adultes sur le sable sec, les bébés au ras des vagues avec leurs nurses. Les enfants et les adolescents dans l'eau.

Le déjeuner frais de la Méditerranée avec des salades, du poisson, des glaces, des fruits, dans une salle à manger aux volets clos dont la fraîcheur faisait frissonner comme la mer quand on y entre.

Après, la sieste obligatoire. La corvée de la sieste. Jusqu'à quel âge faudra-t-il perdre ces heures bouillantes? Toujours faire semblant, mentir. Il y a belle lurette que je fais sauter la sieste. Que de ruses employées d'été en été, jour après jour! Quelle école de la dissimulation!

J'attends le coup de sifflet, comme une roulade de gros oiseau. C'est Jean-Pierre qui m'appelle, caché dans les lauriers-roses. Je sors de la maison assoupie. Je traverse le jardin qui sent la terre chaude. Je rejoins le chemin de sable où il m'attend et où nous retrouvons tous les copains.

On a un vieux phonographe qui se remonte avec une manivelle, de vieux disques. On part dans la forêt qui touche les maisons et que nous connaissons par cœur pour y avoir joué pendant toute notre enfance.

Je n'avais aucun regret des mensonges que je faisais. Je n'avais pas même peur qu'ils découvrent notre cachette. Peur qu'on me pique avant la sortie ça oui. Être privée de ma forêt, ça aussi.

Nous nous enfoncions très loin, jusqu'à une clairière de sable ocre entre les troncs des pins maritimes. Nous restions là jusqu'à ce que le soleil soit moins chaud.

Ça sentait la résine, le thym, le fenouil, le lis de sable.

A l'orée de la forêt les arbres se rabougrissaient pour lutter contre le vent et le sel, ils n'allaient pas plus haut que le sommet de la dernière dune. Ils se courbaient, entremêlaient leurs branches, si serrés que nous pouvions marcher dessus. De là on voyait la mer d'un côté et la nappe des arbres de l'autre, jusqu'aux montagnes. En dessous nous nous faisions des maisons.

Ce Jean-Pierre-là, je n'ai jamais fait l'amour avec lui, je ne l'ai jamais même embrassé vraiment.

Les adolescents sont purs. Pourquoi les parents croient-ils que leurs enfants sont moins purs qu'ils n'étaient ou plus corruptibles? La jeunesse est toujours aussi belle et grave. Ce sont les affaires qui ont changé. De mon temps la jeunesse était moins intéressante pour les adultes. Elle n'était pas encore considérée par eux comme un fameux marché.

Annotations

14 *le mollet* Wade
15 *le canotier* chapeau en paille
17 *le piqué* tissu de coton; Pikee
17 L *le velours* Samt
18 *la nacre* Perlmutt
19 *la pression* Druckknopf
19 *la nervure* Rippe (Naht)
23–29 «*Introibo* . . . Citations de la liturgie latine
26 *frôler* toucher à peine
29 *le col dur* gestärkter Kragen
34 *le transat* Liegestuhl
35 *le rotin* spanisches Rohr
35 *le parasol* Sonnenschirm
35 *frangé de pompons* mit Fransen und weißen Pompons
37 *au ras de* au bord de
38 *la nurse* [nœrs] (ursprünglich «englisches») Kindermädchen
38 L *un adolescent* voir «J'en ai trois»
40 *aux volets clos* mit geschlossenen Fensterläden
41 L *frissonner* trembler légèrement sans le vouloir
42 L *la sieste* court repos après déjeuner
42 L *la corvée* travail obligatoire et ennuyeux
44 *il y a belle lurette* (fam): il y a bien longtemps
44 *faire sauter* auslassen, überspringen
44 L *la ruse* List
45 L *la dissimulation* Verstellung
46 *la roulade* bruit d'oiseau, Triller
47 *le laurier-rose* Oleander
48 *assoupi* endormi légèrement
50 *la manivelle* Kurbel
54 *piquer* (fam): se faire prendre
56 *la clairière* espace sans arbres dans une forêt, Lichtung
57 *le pin maritime* Seekiefer
59 *la résine* Harz
59 *le lentisque* Mastixbaum
59 *le thym* Thymian
59 *le fenouil* Fenchel
59 *le lis des sables* Sandlilie
60 *une orée* Waldrand
60 *rabougrir* ne pas grandir normalement pour s'opposer au vent
63 *la nappe des arbres* le vert des arbres forme ici comme une nappe
69 *corruptible* verdorben

Compréhension

1. En quoi est-ce que ce chapitre se distingue des précédents?
2. Résumez ce dimanche d'été.
3. Expliquez la comparaison de la plage avec un théâtre.
4. Est-ce que la narratrice nous montre une jeunesse pure?
5. Expliquez la dernière réflexion de la narratrice: la jeunesse est un marché.

Commentaire/Sujets à discussion

1. Qu'est-ce qui domine dans ces souvenirs?
2. Quel est le charme de ces dimanches pour la jeune fille?
3. Qu'est-ce qui montre que ces dimanches se déroulent à une autre époque et surtout dans un autre cadre familial?

Exercices

1. Eviter les couleurs voyantes et les robes trop dénudées.
Quelles complications!
– Gagner un voyage aux Etats-Unis. Quelle ...
– Manger du hareng avec du chocolat.
– Dépenser 800 francs pour cette robe d'été.
– Boire une bière fraîche après une longue marche.
– Traverser l'Atlantique seul dans un canoë.
– Copier ces vingt pages.

2. Est-ce que tu avais quelques regrets?
Je n'avais aucun regret.
– Il a des amis qui l'aident?
– Est-ce que tu as une idée où le trouver?
– Il y a un travail qui te plaît?
– La police a déjà un soupçon?
– Est-ce qu'il y a des doutes qu'il est coupable?
– Est-ce qu'il y a une voiture française qui coûte moins de 8000 francs?

VII. LES JEUNES ET LA MUSIQUE

Ils rêvent en écoutant de la musique. Ils connaissent leurs disques sillon par sillon comme ma mère connaissait des milliers de vers de Marceline Desbordes-Valmore ou de Musset, comme je connaissais Rimbaud, Apollinaire et, mesure après mesure, les Brandebourgeois de Bach et certaines symphonies de Mozart. Il y avait déjà le jazz et de bons 33 tours dans ma jeunesse.

Dans le tintamarre qui crève le plus souvent les tympans des adultes *il y a des nuances,* des variations *auxquelles les amateurs* de pop *sont extrêmement sensibles.* Ils attendent la syncope, la rupture du rythme, les interventions de la batterie, avec passion. Cette musique est la seule chose qui appartienne absolument à cette génération, elle est leur reflet en même temps que leur tremplin.

Leurs disques ce sont nos livres. Ils sont pleins d'histoires, de messages, de rêves, d'aventures.

Un jour mon fils a branché des écouteurs sur l'électrophone et il m'a fait écouter un disque. J'ai vécu un bien beau moment en compagnie de cette musique-là: une tempête, un espoir. Grâce aux écouteurs j'ai perçu des nuances extrêmement fragiles que je n'avais jamais perçues auparavant. Eux n'avaient pas besoin d'écouteurs pour les percevoir. Après je leur ai parlé et je me suis rendu compte que c'était précisément ces moments qu'ils attendaient chaque fois qu'ils écoutaient ce disque, que je venais au fond de découvrir alors qu'il tournait tous les jours au moins trois ou quatre fois depuis plusieurs semaines.

Une personne qui me parlait de ses enfants au cours d'un dîner:

– Je ne suis pas contre leur musique, chère amie (c'était la première fois qu'elle me voyait). Mais pourquoi l'écoutent-ils si fort?

– Pour être complètement occupés par elle. Elle est plus qu'un simple divertissement.

– Ils sont fous.

Annotations

2 *le sillon* Rille
3 *Marceline Desbordes-Valmore* femme poête de moindre importance, du XIXème siècle
4 *Musset, Rimbaud, Apollinaire* poêtes du XIXème siècle et du début du XXème siècle
5 *la mesure* Takt
6 *le 33 tours* disque de 33 tours en opposition au 45 tours
8 *le tintamarre* ensemble de plusieurs bruits désagréables
8 *le tympan* Trommelfell
10 *la syncope* die Synkope
10 *la rupture* changement rapide (musique)
11 L *la batterie* Schlagzeug
12 L *le reflet* Spiegelung
13 L *le tremplin* Sprungbrett
15 L *le message* Botschaft, Anliegen
16 L *brancher* anschließen
16 *les écouteurs* (m) Kopfhörer
18 *percevoir* ici: distinguer
20 *auparavant* avant
23 *tourner* ici: laufen (auf dem Plattenspieler)
29 L *le divertissement* distraction

Compréhension

1. Qu'est-ce que les trois générations dont parle la narratrice au début, ont en commun?
2. Comment est-ce que la narratrice s'est rendue compte de la richesse de la musique pop?
3. Caractérisez la personne dont la narratrice nous rapporte les idées sur la musique des jeunes.
4. Qu'est-ce que vous comprenez par une musique qui est en même temps reflet et tremplin?

Commentaire/Sujets à discussion

1. Quand et dans quelles conditions écoutez-vous de la musique?
2. Qu'est-ce qui vous plaît dans cette musique?
   Est-ce que vous êtes d'accord avec les explications données dans le texte?
3. Est-ce que vous choisissez la musique d'après votre humeur? Donnez des exemples.
4. La musique pop, c'est comme une drogue. Commentez cette phrase.
5. Est-ce que vous passez plus de temps à la lecture ou en écoutant de la musique?

Exercices

1. Ils écoutent de la musique et ils rêvent.
   Ils rêvent en écoutant de la musique.
   – Ils sont arrivés, mais ils ont couru.
   – Je me promène et en même temps je me repose.
   – Si vous aviez freiné, vous auriez pu éviter cet accident.
   – Nous avons souri et nous sommes sortis.
   – L'appétit vient quand on mange.
   – Vous vous êtes retournés, mais vous n'avez rien remarqué?
2. Les amateurs de pop sont sensibles à certaines variations.
   Il y a des variations auxquelles les amateurs de pop *sont sensibles.*
   – Je suis sensible à une certaine nuance.
   – Elle est sensible à un certain rythme.
   – Nous sommes sensibles à certains égards.
   – Ils sont sensibles à certaines manipulations.
   – Il est sensible à un certain ton dans la conversation.
   – Tu es sensible à certaines allusions.

VIII. L'ENSEIGNEMENT

Après la famille, le deuxième terme important de la vie des jeunes est le lycée, la Bastille de 1968. Il fallait le faire, l'Éducation nationale était vétuste. Mais voilà, en attendant que les réformes se fassent puis entrent en vigueur et que les responsables les maîtrisent, c'est la pagaille. Il faut bien voir les choses en face, il y a une génération d'enfants qui sert de cobayes, qui est sacrifiée. Ils le savent. Ils ne sont pas aveugles, ils voient le chaos. Comment est-ce que cela pourrait susciter leur respect? Il aurait fallu que, durant cette période de ménage, la famille ait une force double. Or les parents rejettent leurs responsabilités sur le lycée, le lycée sur les parents. Les jeunes restent sur la touche et comptent les coups.

Je viens d'aller à une réunion des parents d'élèves de la classe de Dorothée (quatrième). Les parents voulaient tous qu'on rétablisse: les classements, les compositions, les colles et les lignes. Le «bon système d'antan» quoi! « Quand ils auront conjugué cent fois le verbe avoir à tous les temps, je vous assure qu'ils le sauront une bonne fois pour toutes.» A croire que je n'ai pas vécu les choses de la même manière.

Je suis partie avant la fin de la réunion. Je me sentais trop différente pour rester parmi eux. Derrière la porte, dans le couloir, j'ai trouvé un garçon et une fille qui essayaient anxieusement de suivre ce qui se disait. En me voyant ils ont voulu se sauver, puis la fille m'a reconnue, elle était venue quelquefois à la maison avec Dorothée. Elle m'a fait un sourire.

– Comment ça se passe?

J'ai répondu méchamment:

– Les parents c'est des imbéciles.

Après, en descendant l'escalier, j'ai regretté d'avoir dit ça. *Ce n'est sûrement pas en haussant le mur que je résoudrai les problèmes.*

C'est vrai pourtant que je garde un souvenir dégoûtant de cette réunion.

Leurs enfants comme de la marchandise. Ils enragent qu'on ne mette pas l'étiquette N° 1, N° 2, N° 3, N° 4, etc. Ils pourraient enfin *pousser cette gueulante bien connue, qui les faisait frémir: «Vingt-quatrième sur vingt-sept, c'est une honte, tu finiras dans le ruisseau.» Ou bien alors ils pourraient étaler ce baume sur leur médiocrité, lancer comme un drapeau qui les protégerait, chez le boucher ou au bureau: «Mon fils est troisième sur trente-deux.»

Leur impuissance étalée comme les plaies des mendiants indiens: «Depuis qu'il n'y a plus de punitions au lycée nous ne les tenons plus!» «Comment vérifier son travail s'il n'y a plus de notes?»

Je me souviens très bien d'un système que j'avais mis au point avec quatre plumes Malla accrochées à un porte-plume par un système d'élastiques. Cela me faisait écrire quatre fois la même chose et divisait de ce fait par quatre le nombre de lignes de punition, dans le genre: «A l'avenir je m'abstiendrai de parler pendant le cours de Mathématiques.» *Je ne prêtais aucune attention à ce que* j'écrivais. Aucune. C'était plutôt le système d'amarrage de mes plumes qui m'inquiétait. Je n'ai pas le souvenir qu'une punition de ce genre m'ait servi à faire autre chose qu'à dissimuler mieux. Je ressens encore la fureur qui me prenait de voir les belles heures d'un après-midi de congé filer à écrire ces idioties. Je ne pensais pas que je ne recommencerais plus. Je pensais que j'allais trouver un truc pour faire pareil sans me faire piquer. J'apprenais l'hypocrisie et la dissimulation.

Annotations

3 *la Bastille* prison prise à Paris par les révolutionnaires en 1789 pour libérer les prisonniers politiques
3 *1968* année de révolution des étudiants contre le système d'enseignement
3 *Education Nationale* ministère pour les écoles et les universités
4 *vétuste* vieux et usé par le temps
4 L *entrer en vigueur* in Kraft treten
5 *maîtriser* dominer
5 *la pagaille* (fam): le désordre
7 *le cobaye* ici: Versuchskaninchen, eigentlich Meerschweinchen
7 L *sacrifier* opfern
8 L *susciter* faire naître
11 *rester sur la touche* rester à l'extérieur
13 L *rétablir* remettre en vigueur
14 *le classement* ici: classement du meilleur élève au plus mauvais.
14 *la composition* Klausur, Klassenarbeit
14 *la colle* (fam): punition où l'élève doit rester une heure ou plus à l'école pour un travail
14 *les lignes* punition où l'on doit écrire plusieurs fois la même phrase
antan (littéraire): autrefois
20 L *anxieusement* voir «Charlotte et la pilule»
30 L *enrager* voir «la bande de Clamart»
32 *frémir* trembler
33 *le ruisseau* ici: Gosse
34 *le baume* Balsam
34 *la médiocrité* Mittelmäßigkeit
37 *la plaie* une blessure ouverte
41 *la plume Malla* plume en métal de la marque Malla
42 L *un élastique* Gummiband
44 *s'abstenir de* se garder de
45 *prêter attention* faire attention
46 *un amarrage* ici: une attache
48 L *dissimuler* cacher
51 *piquer* voir «Souvenirs d'un amour de jeunesse»
51 L *une hypocrisie* Heuchelei

Compréhension

1. Expliquez la comparaison du lycée avec la Bastille.
2. Pourquoi la narratrice dit-elle que cette génération d'élèves sert de cobayes?
3. Pourquoi la narratrice traite-t-elle les parents d'imbéciles?
4. Pourquoi regrette-t-elle de l'avoir fait?
5. Expliquez le système des classements? A quoi est-ce qu'il sert?
6. Pourquoi la narratrice est-elle contre les punitions comme par exemple les lignes?

Commentaire/Sujets à discussion

1. L'enseignement en Allemagne traverse également un changement. Est-ce que vous vous sentez comme des cobayes? (Donnez des exemples.)
2. Que pensez-vous du vieux système: des classements, des compositions, des colles, des punitions?
3. Est-ce que les notes sont nécessaires (pour vous, pour les professeurs et les parents)?
4. D'après la narratrice on apprend l'hypocrisie et la dissimulation au lycée. Pourriez-vous en donner des exemples dans votre vie d'élève?

Exercices

1. Je veux résoudre les problèmes, mais je hausse encore les murs.
   Ce n'est sûrement pas en haussant les murs que je résoudrai les problèmes.
   – Il veut maigrir, mais il mange toujours du chocolat.
   – Je veux économiser de l'argent, mais je mange souvent au restaurant.
   – Vous voulez vous instruire, mais vous passez les soirées au bistrot.
   – Les professeurs veulent coopérer avec les élèves, mais ils se plaignent toujours.
   – Les élèves veulent coopérer avec les professeurs, mais ils les critiquent seulement.
   – Jean veut être l'ami de Pierre, mais il se moque souvent de lui.
2. J'écrivais et je ne savais même pas ce que j'écrivais.
   Je ne prêtais aucune attention à ce que j'écrivais.
   – On disait quelque chose et il ne savait pas ce qu'on disait.
   – Ils lui demandaient qc. et il ne savait pas ce qu'ils lui demandaient.
   – On y montrait qc. et nous ne savions même pas ce qu'on montrait.
   – Le groupe chantait qc. et on ne savait pas ce qu'il chantait.
   – Tu faisais qc. avec tes mains, mais tu ne le remarquais pas.
   – On projetait des diapositives, mais je ne savais pas lesquelles.

IX. LAKDAR ET LA DROGUE

Je hais la drogue.

Cécile, une amie de Grégoire, m'a parlé de la drogue:

— Chez Simon on *se camait. Maintenant c'est fini on fume un peu d'*herbe, c'est tout. Mais l'année dernière il y avait de tout, de *l'acide et même de l'héroïne. Quand tu *te défonces à l'acide c'est marrant. Pour moi c'était un autre monde tout en couleurs. Les objets changent de forme, changent de couleur. Les visages des copains changent aussi. J'ai le souvenir d'un univers de batraciens. Ça déforme le monde tu vois, ça change les formes mais pas le fond. Tandis que l'héroïne c'est fantastique. J'en ai *sniffé une fois et j'ai compris qu'il fallait pas que je recommence. Tu planes dans le bonheur. Tout est différent et agréable. Je peux pas t'expliquer, c'est sublime, super-beau.

«Seulement quand tu descends tu tombes dans une dépression terrible. Tu as un cafard noir. Tu ne peux plus supporter la réalité. Alors, tu comprends, *la seule manière de s'en sortir c'est de* recommencer.»

Lakdar, lui, est allé jusqu'au bout. Je le vois de temps en temps. Il peut rester six mois sans apparaître. Il a vingt ans maintenant. C'est un garçon sensible et intelligent, timide. Sa vie a été coupée en deux par la drogue. Il est algérien. Son père est mort dans un accident de voiture. Sa mère est retournée dans son pays. Une de ses sœurs est prof d'anglais, l'autre va au lycée.

J'ai mis longtemps à lui parler.

— Lakdar, c'est vrai que tu étais *junky?

— Oui c'est vrai.

— Comment c'est arrivé?

— C'était après la mort de mon père, j'étais en terminale. Je suis parti pour Marseille. J'avais pas de maison, rien. J'ai rencontré une fille qui m'a plu. Elle était junky. Junky depuis l'âge de treize ans. Tu te rends compte. La première fois que je l'ai vue se piquer j'étais comme un fou. Autour d'elle il n'y avait que des junkies qui faisaient pareil. Ses parents étaient riches. Sa mère lui donnait de l'argent. Tout passait à acheter de la *came. Nous ses copains on avait de l'héroïne *pour pas un clou. Quand je l'ai connue elle avait quinze ans.

— Et toi aussi tu t'es *shooté?

— Pas tout de suite.

— Pourquoi?

— Ça me disait rien. En même temps j'avais envie de savoir. Un jour un copain m'a fait ma première piqûre. Ça se passait dans l'escalier d'un immeuble à Marseille. Il s'est piqué d'abord puis il m'a piqué au bras. Il fallait se dépêcher, il pouvait y avoir des gens qui seraient entrés ou sortis. On était assis sur les marches de l'escalier. Quand la drogue a atteint mon cœur, enfin c'est l'impression que j'ai eue, que ça arrivait au cœur, j'ai reçu un coup formidable. Ça m'a vraiment défoncé. Je me suis levé et je titubais comme si j'étais soûl. On s'est retrouvés dans la rue. Le copain me courait derrière. Il disait: «Ça va pas non, tu vas pas crever dans la rue pour la première fois.» Il avait *vachement peur. Moi, au bout d'un moment ça allait mieux. Je me sentais *cool.

— Comment cool? Dis-moi. Les choses étaient différentes?

— Non, pas avec l'héroïne. Les choses sont les mêmes. Mais toi, tu es meilleur, tu es cool et tu es honnête. Tu as des rapports vachement directs et simples avec les gens. La seule chose c'est que tu ne peux plus baiser ni pisser.

— Ça te gênait?

— Pas du tout. Je n'y pensais qu'après.

— Et quand tu descends, comment c'est?

— Ça se fait doucement, tu t'en rends pas compte. La seule chose c'est que quand tu es complètement descendu tu es nerveux. Tu ne supportes plus personne. Tu es comme une pile électrique. Les gens que tu aimais deux heures avant tu ne peux plus les supporter. Alors tu n'as plus qu'une chose à faire c'est d'en prendre une autre dose. Pour retrouver la paix et la gentillesse.

— Ça dure combien de temps une dose?

— Ça dure longtemps. Au début ça dure au moins dix heures et puis on plane. Après tu en as besoin plus souvent.

— Comment tu t'en es sorti?

— C'est un Hollandais que je ne connaissais pas qui m'a trouvé dans la rue et qui m'a remonté à Paris.

— Quel âge avait-il?

— Dans les vingt-cinq ans. Je ne sais pas. Il m'a payé le voyage et à manger jusqu'à ce que je me rende compte que ça ne pouvait pas continuer. Alors je suis allé me faire désintoxiquer.

— Ça a duré combien de temps?

— Deux mois en tout.

— Qu'est-ce que tu faisais?

— Je ne faisais que dormir.

— Et qu'est-ce qui s'est passé quand tu es sorti?

— Le jour même de ma sortie je me suis repiqué.

— Pourquoi? Tu y étais pourtant allé de toi-même. On ne t'avait pas forcé.

— Oui, mais pendant la cure je ne prenais plus de drogue, c'est tout. Il ne s'est rien passé d'autre au fond, à l'intérieur de moi. Quand j'ai été dehors, c'était comme avant.

— Alors, qu'est-ce qui s'est passé?

— J'ai retrouvé la fille de Marseille. Elle était tombée dans une merde terrible. L'héroïne ça détraque les nerfs et tout le corps tu sais. Quand j'ai vu ce qu'elle était devenue j'ai compris que je ne voulais pas devenir comme ça. Ça allait mal pour moi physiquement. Je ne voulais pas ça. Je ne voulais pas être une loque comme ça. On en était arrivé à se piquer dans les gencives. Parce que les *flics, la première chose qu'ils font c'est de regarder tes bras. J'ai perdu mes dents. Alors j'ai décidé de faire une autre cure et cette fois je n'ai pas recommencé. J'ai trouvé du travail.

— Il t'arrive d'avoir envie de la drogue?

— Non jamais. Tu vois, quand on plane c'est formidable. J'ai un très bon souvenir de cette franchise, de cette simplicité, de cette facilité que la drogue procure. Vraiment on plane on est cool, la vie est belle, les gens sont bons. Mais la nervosité quand tu descends, cette exaspération qui vous prend, ça c'est *dégueulasse. Et puis la fille, elle m'écrit toujours de temps en temps. Ça fait mal au cœur. Il paraît que son corps est tout pourri. Elle va mourir bientôt. Je plains les junkies.

Rien qu'à cause de Lakdar je n'enlèverai jamais la clé de la porte d'entrée. C'est capital que les jeunes aient un lieu chaleureux où se retrouver.

Ce qui est capital aussi c'est de leur trouver du travail.

Annotations

9 *le batracien* Frosch und Kröte
13 *sublime* ce qu'il y a de mieux
15 *avoir le cafard* être d'humeur triste
27 *la terminale* classe avant le baccalauréat
45 *tituber* ne pas marcher droit
45 *soûl* ivre
53 *baiser* (argot): avoir un rapport sexuel
72 *se faire désintoxiquer* eine Entziehungskur machen
86 *détraquer quelque chose* déranger le fonctionnement de quelque chose
89 *la loque* personne sans énergie
90 *la gencive* Zahnfleisch
95 L *la franchise* Offenheit
97 *une exaspération* vif énervement

Compréhension

1. Qui est Lakdar?
2. Pourquoi trouve-t-il que l'héroïne est la drogue la plus extraordinaire?
3. Dans quel entourage est-ce qu'il a commencé à se droguer à l'héroïne?
4. Pourquoi s'est-il fait faire la première piqûre à l'héroïne? Donnez plus d'une raison.
5. Pourquoi l'héroïne rend-elle si vite dépendant?
6. Pourquoi la première cure de désintoxication n'a-t-elle pas eu de résultat?
7. Quelles sont les raisons qui ont finalement amené Lakdar à se libérer de la drogue?

Commentaire/Sujets à discussion

1. Est-ce que vous connaissez quelqu'un qui a fait l'expérience de la drogue? Lesquelles?
2. Pensez-vous que l'alcool est une drogue?
3. Faites-vous une différence entre drogues légères (hachisch) et drogues dures (héroïne)? Pourquoi?

Exercices

Il faut recommencer. C'est la seule manière de s'en sortir.
La seule manière de s'en sortir c'est de recommencer.
— Il faut lui offrir de l'argent. C'est la seule manière de le convaincre.
— Il faut franchir le mur du lycée. C'est la seule manière d'y entrer.
— Il faut y aller de bonne heure. C'est le seul moyen d'avoir une place.
— Il faut prendre le métro. C'est le seul moyen d'éviter les embouteillages.
— Il faut moins manger. C'est la seule manière de maigrir.
— Il faut s'entrainer. C'est le seul moyen de gagner.

X. LA DROGUE: QUELQUES RÉFLEXIONS ET ANECDOTES

Ils sont tellement nombreux. Près de la moitié des Français ont moins de vingt-cinq ans! Cinq cent cinquante mille jeunes, chaque année arrivent sur le marché de l'emploi!

Ils rêvent tous de s'expatrier, de *foutre le camp dans des endroits moins peuplés. Le sac au dos, la guitare en bandoulière. Ils croient qu'ils vont trouver le paradis.

C'est normal que la drogue les attire. A mon avis, dans les milieux bourgeois, le gros de la vague est passé. Quelques cigarettes de temps en temps puis plus rien, finies les drogues dures et l'héroïne. Ils ont peur pour leur corps. Ils savent que c'est rapide la déchéance de ce côté-là.

Maintenant ce sont les jeunes ouvriers qui se droguent. Cela fait peur. Ce qui fait peur c'est le chemin qu'ils ont dû obligatoirement prendre pour en arriver là. On parle de curiosité, d'évasion, de rêverie. *Je t'en fous, c'est d'écœurement qu'il s 'agit, de désespoir. La drogue est un fameux révélateur.

Ou on s'y enfonce et c'est la déchéance rapide, la compromission dégoûtante, le ravalement bestial: mendier, voler, lécher les bottes de n'importe qui pour avoir sa ration. Ou on en sort et c'est la constatation froide d'une pourriture bien vue, d'un sordide marché aux esclaves, de la plus laide exploitation du consommateur.

Encore une fois j'enfonce des portes ouvertes, mais je n'ai pas encore compris pourquoi: 1) on ne laissait pas le hachisch en vente libre au même titre que l'alcool; 2) pourquoi on ne rachetait pas les champs de pavots d'Asie Mineure.

Est-ce que tous les pays riches concernés par la drogue n'ont pas assez d'argent pour aider les pays producteurs d'opium à se constituer une autre agriculture? Est-ce que cela représente une somme tellement formidable?

Où sont les intérêts là-dedans? Où sont les salauds? Où, une fois de plus, sont les menteurs, les hypocrites?

La drogue est obsédante aux États-Unis et au Canada.

Un soir Nina m'a raconté une conversation qu'elle avait eue avec son père au rez-de-chaussée de leur maison à Montréal. Le père:

— Y aura jamais de drogue ici ma fille, jamais. J'ai onze enfants et ils ne tremperont pas dans cette sale histoire.

Nina:

– Moi je savais que ma sœur Suzy, qui a dix-huit ans et qui est junkie depuis trois ans, passait ses après-midi entiers dans la baignoire du premier étage à prendre des commandes parce qu'elle était devenue *dealer.

– Et ton père ne s'en rendait pas compte?

– Non. Enfin je le suppose; en tout cas *il faisait comme s'il ne le savait pas.*

Une autre fois la petite Emily a raconté une histoire qui s'était passée dans son patelin de l'Ohio. Une bourgarde de six mille habitants. Emily est minuscule, un petit pruneau. Avec des yeux noirs très doux et de longs cheveux sagement tressés.

– Pas loin de chez moi une gosse de douze ans se shootait. Ses parents ne le savaient pas. Un soir ils laissent leur bébé de un mois à la garde de la sœur pendant qu'ils vont au cinéma. *Dès que* les parents sont partis la petite prend sa dose. Elle s'est envolée dans un «bad trip» et, dans son *délire, dans son rêve, elle a ficelé le petit frère, l'a beurré, l'a salé, l'a poivré, l'a mis dans un grand plat et hop! au four. Quand les parents sont rentrés ils ont trouvé un petit garçon de lait grillé. C'était dans tous les journaux de la région. Qu'est-ce qu'on a rigolé!

Annotations

6 *expatrier* envoyer hors de la patrie
7 L *en bandoulière* umgehängt
10 *le gros de la vague* la partie la plus importante de ce mouvement
12 *la déchéance* Verfall
15 L *l'évasion* (f): la fuite
16 L *un écœurement* fait d'avoir assez de quelque chose au point d'en être malade
18 *la compromission* Unterwürfigkeit, Selbstaufgabe
19 *le ravalement bestial* l'abaissement au rang d'animal
19 *mendier* betteln
19 *lécher les bottes* dire du bien de quelqu'un pour obtenir quelque chose de lui
21 *sordide* sale
25 L *au même titre que* pour la même raison que
26 *le pavot* plante qui donne l'opium
31 *le salaud* personne malhonnête (injure)
32 L *un hypocrite* Heuchler
33 *obsédant* qui est partout
37 *tremper dans* sens figuré: être mêlé à
47 *le patelin* (fam): le petit village
47 *la bourgade* petite ville
48 *le pruneau* 1) prune séchée, 2) petite personne ronde
49 *tresser* flechten
52 L *dès que* sobald
56 *le garçon de lait* Wortspiel mit: cochon de lait: Spanferkel.

Compréhension

1. Pourquoi est-ce normal que la drogue attire les jeunes?
2. D'après l'opinion publique qu'est-ce qui pousse les jeunes à la drogue?
3. Qu'en est-il pour les jeunes ouvriers?
4. Expliquez la phrase «La drogue est un fameux révélateur».
5. Racontez (d'après mémoire) les deux «anecdotes» sur la drogue.

Commentaire/Sujets à discussion

1. Etes-vous d'accord avec la distinction que la narratrice fait entre les bourgeois drogués et les ouvriers drogués?
2. Commentez les deux propositions de la narratrice pour changer la misère de la drogue.
3. Pourquoi la drogue a-t-elle pris une telle importance dans notre société?
4. Qu'est-ce que les deux «anecdotes» ont en commun?
5. Quelle est la phrase la plus terrible dans la deuxième «anecdote» et pourquoi?

Exercices

1. Est-ce qu'il ne le savait pas?
   Il faisait comme s'il ne le savait pas.
   — Est-ce qu'il comprenait vraiment ce problème?
   — Est-ce qu'il écoutait attentivement la conférence?
   — Est-ce qu'il n'avait vraiment pas d'argent?
   — Est-ce qu'il ne reconnaissait vraiment pas M. Durand?
   — Est-ce qu'il n'aimait pas cette musique?
   — Est-ce qu'il ne se rendait pas compte du danger?
2. Les parents partent et la petite prend tout de suite sa dose.
   Dès que les parents sont partis la petite prend sa dose.
   — Je m'endors et je rêve tout de suite.
   — Elle me quitte et je ne sais plus son nom.
   — Il rentre du lycée et il met tout de suite un disque.
   — Nous sortons et tout de suite il pleut.
   — Il voit un livre intéressant et il l'achète tout de suite.
   — Il voit une jeune Française et il en tombe amoureux.

XI. LA DÉBILITÉ

Ceux que j'appelle les Dalton sont quatre garçons: Bertrand, Jean-François, Yves et Dody.

Il y a déjà deux mois que j'ai *flanqué les Dalton à la porte. Je savais que je ne pouvais plus les laisser venir, que leur présence était nuisible. Le problème que ce groupe-là soulève est angoissant. Ils relèvent du psychanalyste. Je ne peux plus rien faire pour eux.

J'ai remâché ma contrariété pendant plusieurs jours, une dizaine. Je ne les supportais plus, je détestais l'influence catastrophique qu'ils avaient sur les autres. Un soir j'ai pris mon courage à deux mains et j'ai lâché le paquet:

— Les Dalton, je ne veux plus vous voir ici. Vous ne venez que pour *bouffer et dire des *conneries. Je vous prends pour des petits «réacs» paresseux et vous me prenez pour une succursale de l'Armée du salut. On ne peut pas s'entendre.

«Je ne suis pas une sœur de charité. J'aime bien trouver la bande des copains de mes enfants le soir quand je rentre. Parce qu'ils me distraient, ils me changent les idées, ils m'enrichissent. Vous, les Dalton, j'ai l'impression que j'ai fait le tour de vous. Je connais votre vocabulaire, vos idées aussi. Vous n'évoluez pas. Vous avez trouvé quelques formules, on les connaît par cœur. Maintenant vous m'ennuyez. Quand j'arrive et que je vous vois c'est comme si je retrouvais les gens avec lesquels je travaille. Figés dans une existence qui ne m'intéresse pas. Vous vous êtes installés dans la débilité comme eux le sont dans leurs maisons de campagne qui me barbent profondément. Alors salut, ciao banana, *foutez-moi le camp.»

Ils sont partis sans rien dire.

En gros la réaction des autres a été: «Tu as bien fait.» Grégoire m'a même avoué qu'*il était sur le point de* leur *casser la gueule. Charlotte n'a pas manifesté mais n'a pas paru affectée. Elle sentait que c'était dans l'air.

Un soir Yves a dit: « Le jour où je me suis rendu compte que j'étais le *mec le plus débile de Paris je me suis mis à *flipper comme un *dingue.»

Cette phrase m'a agacée profondément. D'abord parce que j'aimais beaucoup Yves, ensuite parce qu'en prononçant ces mots il devenait un héros aux yeux des autres.

J'ai mis longtemps à comprendre que la débilité était une arme à double tranchant. Tout ce qui est extérieur à leur monde est débile et eux-mêmes, dans leur monde, sont débiles. A s'enfoncer là-dedans c'est vraiment débilitant. Plus on est débile plus on est intéressant à l'intérieur de leur univers. Un «mec *fricky qui est *vachement débile, super-débile», c'est le fin du fin.

Annotations

2 *les Dalton* quatre personnages comiques de la bande dessinée «Lucky Luke» qui sont des gangsters
4 *flanquer à la porte* (fam): mettre à la porte
6 L *relever de* dépendre de la compétence de
8 L *la contrariété* le mécontentement
11 *lâcher le paquet* (fam): dire tout d'un coup ce que l'on a à dire
13 *un réac* (argot): personne qui a des idées réactionnaires
14 *la succursale* la filiale
14 *l'Armée du Salut* Heilsarmee
16 *la charité* Wohltätigkeit
23 *figé* immobile
25 *barber* (fam): ennuyer
30 *affecté* touché
35 *agacé* énervé
37 L *le héros* personnage supérieur qui se distingue par son courage, son travail, . . . etc.
fém.: une héroïne
38 *à double tranchant* zweischneidig

Compréhension

1. Donnez les raisons pour lesquelles la mère met les Dalton à la porte.
2. Expliquez la comparaison avec l'Armée du salut.
3. Décrivez les sentiments de la narratrice envers les gens avec qui elle travaille, et puis expliquez la comparaison avec les Dalton.
4. Expliquez les deux significations de «débile». Ce mot a deux significations très différentes.

Commentaire/Sujets à discussion

1. Les Daltons ne sont qu'un exemple de ce que la narratrice en général n'aime pas. Pourriez-vous dire ce qu'elle aime alors?
2. Est-ce que dans votre univers, il y a des groupes ou des problèmes que vous traitez de débile ou d'un mot semblable? Lesquels et pourquoi?
3. Est-ce qu'il y a en allemand des expressions qui ont la même valeur que «débile»?
4. Pourquoi utilisent-ils de telles formules passe-partout?

Grégoire était prêt à leur casser la gueule.
Il était sur le point de leur casser la gueule.
– Nous voulions déjà laisser tomber cette affaire.
– Je pensais lui téléphoner.
– J'ai failli rompre avec elle.
– Il a failli faire une découverte importante.
– Nous allons trouver la solution du problème.
– J'ai voulu partir en France.

XII. LES VÊTEMENTS FRICKY

Les Dalton étaient des esthètes du vêtement. Je devrais plutôt écrire des *fringues, des nippes, des haillons. L'accoutrement était le véritable passeport pour entrer dans leur univers. Il y a cheveux longs et cheveux longs, crasse et crasse, jeans et jeans. En Angleterre, aux USA, vous pouvez sortir nu avec une plume de paon quelque part et un entonnoir sur la tête, personne ne vous regardera ou, en tout cas, pas comme on regarde en France. En France l'aspect compte beaucoup. La tenue des contestataires de Mai 68 s'est étendue à toute la jeunesse ou presque. Pour les adultes *elle représente toujours la contestation alors qu'elle n'a plus de sens politique*. Elle est l'apanage des jeunes, c'est tout. C'est une jolie mode. Les gens du monde riches et élégants ne s'y sont pas trompés qui allaient acheter à prix d'or les beaux vêtements «fricky» de Jean Bouquin. Mais enfin, pour le Français moyen, cette tenue symbolise encore le désordre de Mai.

Jean-François revenait toujours avec des histoires de commissariat, de prises de bec dans le métro ou ailleurs.

— Tu les cherches. Tu devrais être content de les trouver.

— C'est pas vrai, je les cherche pas.

— Tes cheveux, ton pantalon déchiré, ton collier, tu sais ce que ça signifie pour eux.

— *Moi non plus j'aime pas leurs cravates,* leurs nuques tondues, leurs sacs à main en crocodile, *c'est pas pour ça que je les agresse.*

— Tu sais très bien que tu as endossé l'uniforme de la contestation comme les flics ont endossé celui de la police. A toi de prendre tes responsabilités.

Annotations

2 *esthète* personne qui met la beauté au premier rang
3 L *les haillons* vêtements déchirés
3 *un accoutrement* un habillement bizarre
5 *la crasse* (fam): la saleté
6 *le paon* Pfau
6 *un entonnoir* Trichter
9 *le contestataire* voir «Portrait des enfants»
11 *être l'apanage de quelque chose* être seul à posséder quelque chose
17 *une prise de bec* la dispute
22 L *la nuque* Nacken
22 *tondu* ici: rasé
23 L *agresser* attaquer
24 *endosser* mettre sur le dos

Compréhension

1. De quelle sorte de vêtements est-ce qu'on parle?
2. Pourriez-vous donner l'exemple d'un accoutrement?
2. Pourquoi est-ce qu'en France ces vêtements ont une signification particulière?
3. Est-ce que cette signification est justifiée (d'après la narratrice)?
4. Résumez les positions de Jean-François et de la narratrice?

Commentaire/Sujets à discussion

1. La narratrice dit qu'en ce qui concerne les vêtements extraordinaires on est moins libéral en France qu'en Angleterre. Et chez nous?
2. Prenez parti dans la dispute de Jean-François avec la narratrice. Qui a raison?
3. Quelle importance attachez-vous aux vêtements?
4. Est-ce que vous jugez quelquefois les gens d'après leur apparence?

Exercices

1. Est-ce que la tenue représente encore la contestation? Est-ce qu'elle a encore un sens politique?
   Elle représente toujours la contestation alors qu'elle n'a plus de sens politique.
   - Est-ce qu'ils dépensent encore tant d'argent?
     Est-ce qu'ils sont encore tellement riches?
   - Elle porte encore des mini-jupes?
     C'est encore à la mode chez vous?
   - Elle met encore son manteau de fourrure?
     Est-ce qu'il fait encore froid?
   - Est-ce que le petit Pierre pleure encore?
     Sa jambe lui fait encore mal?
   - Est-ce qu'il raconte encore ces histoires de chasse?
     Est-ce qu'on l'écoute encore?
   - Est-ce qu'il rouspète encore contre le syndicat?
     Est-ce qu'il est encore le patron d'une petite usine?
2. Il les agresse parce qu'il n'aime pas leurs cravates.
   Moi non plus je n'aime pas leurs cravates,
   ce n'est pas pour ça que je les agresse.
   - Il vole dans la caisse parce qu'il ne gagne pas assez.
   - Il double toutes les deux-chevaux parce qu'il ne peut pas supporter leur aspect.

– Il insulte tous les étudiants parce qu'il pense qu'ils ne travaillent pas assez.
– Il envie les professeurs parce qu'ils les voit jouer au tennis l'après-midi.
– Elle a quitté son mari parce qu'il ne faisait rien dans la maison.
– Il est devenu alcoolique parce qu'il ne supportait plus sa femme.

XIII. BERTRAND

Bertrand est le troisième Dalton, il a dix-huit ans. Il est grand et fort, il a l'apparence d'un homme. Comme il est sale, débraillé et qu'il se drogue plus que la normale, il a un aspect fatigué, las. On pourrait aussi bien lui donner vingt-deux ou vingt-trois ans. *J'ai su d'abord qu'il était parti* de chez lui parce que ses parents ne voulaient pas qu'il se consacre au dessin, trouvant probablement que cela ne le mènerait pas loin. Ensuite j'ai vu les dessins de Bertrand. Il me les a montrés un jour. Pas d'invention mais une sûreté dans le trait, un don réel pour recréer avec des lignes l'univers dans lequel il évolue. C'est évident qu'il aime et qu'il sait dessiner. Il m'a dit: «Moi, quand je dessine je peux rester toute une journée sans faire autre chose, ça me fait flipper.»

Alors je me suis mis dans la tête qu'il avait des parents un peu simplets et trop âgés pour comprendre, pour trouver de la beauté ou de l'intérêt à ce que leur fils sortait de ses méninges.

Jusqu'au jour où on m'a parlé d'un travail qui conviendrait à Bertrand. Une équipe qui fait des films d'animation cherchait un dessinateur. J'ai téléphoné chez Jean-François où je savais que Bertrand habitait. J'ai appris que Bertrand avait réintégré le domicile de ses parents depuis une semaine mais que Jean-François le voyait chaque jour et lui ferait la commission.

Bertrand est arrivé à la maison quelques heures après, très exalté.

— Tu m'as trouvé du boulot?

— Peut-être. Il faut que tu téléphones.

Il téléphone, on lui donne un rendez-vous pour le lendemain. Bertrand transformé.

— Coupe-moi les cheveux.

— Je ne sais pas.

— Tu coupes bien les cheveux de Grégoire.

— C'est pas pareil, il a les cheveux frisés. Je lui coupe les cheveux depuis qu'il est petit. Toi, tu as les cheveux raides. Pourquoi tu veux te couper les cheveux?

— Ils vont me trouver trop fricky.

— Penses-tu. C'est tous des gars qui dessinent, ils sont jeunes.

— J'ai envie de me couper les cheveux. Ah si je pouvais travailler ça serait formidable. Je peux pas vivre avec mes parents. Ils sont trop débiles, ils me tuent.

Il s'en va excité, énervé, heureux. Il revient une heure après les cheveux propres, bien coupés mi-longs, habillé comme un prince, rayonnant. On en reste tous bouche bée.

— Dis donc Bertrand où t'as trouvé ces *sapes? T'es beau comme tout.

— J' me sens bien, j'me sens bien. Si tu m'as trouvé du travail c'est formidable. Mes parents ils sont gentils tu vois mais je peux pas vivre avec eux.

Il se met à parler de sa famille. Ce qu'il n'avait jamais fait une seule fois depuis des mois et des mois que nous le connaissons.

Ses parents l'ont eu très jeunes quand ils avaient respectivement seize et dix-huit ans, c'est-à-dire qu'aujourd'hui ils ont trente-quatre et trente-six ans. Ça me donne le vertige d'imaginer ça. Il dit que sa mère est jolie et que son père est très bien physiquement. Il dit que son père est vachement respectable, bourgeois, *friqué, très à cheval sur les convenances. Ils ne l'ennuient pas vraiment mais ils veulent qu'il soit rentré tous les soirs à sept heures et demie, qu'il se lave tous les matins, qu'il devienne ingénieur ou architecte.

J'avais toujours vu Bertrand comme un homme et, à travers son histoire, je le vois comme un petit garçon un enfant. «Tiens-toi bien. Ne mets pas les coudes sur la table. Ne mets pas tes doigts dans le nez.» Comment des gens qui ont encore la jeunesse dans le sang peuvent-ils se comporter de cette manière avec leur propre fils? Qu'est-ce qui se cache là-dessous? Est-ce que l'adolescence, presque la maturité de leur fils les gêne? Je les imagine à la table familiale, servis par la soubrette stylée, s'adresser à leur grand dadais de garçon crasseux et drogué comme si c'était un gamin. Est-ce qu'*ils font semblant de ne pas* le voir?

Le jour de son rendez-vous avec son employeur éventuel, il est là dès l'aurore, sur son trente et un. Sans crasse sans haillons, il est vraiment beau.

— Je trouve que tu n'es pas assez fricky.

— Tu trouves. Tu crois qu'ils vont pas me *foutre à la porte si je mets mes bottes?

Il a des bottes incroyables faites de morceaux de cuir de toutes les couleurs.

— Elles sont marrantes tes bottes, je suis sûre qu'ils les trouveront marrantes.

— Alors je vais les mettre parce que ces pompes-là me font un mal aux pieds terrible. Elles sont chez Jean-François.

Il revient sans les bottes et avec un grand dossier sous le bras.

— Je les ai pas mises. Le premier jour j'aime mieux être super-débile tu vois. Après, je verrai. Regarde les dessins que je leur apporte, dis-moi si c'est pas trop débile.

Heureusement que le mot «débile» existe, sinon je me demande comment il s'exprimerait.

Ses dessins sont très bons. Il les a bien choisis, on se rend compte parfaitement des différents sens où il peut travailler.

— Je trouve tout ça très bien.

— Tu es sûre. Parce que tu sais si j'ai pas ce boulot j'me flingue.

— Flingue-toi. Ça fera un débile de moins. Moi je ne peux pas t'assurer qu'ils te feront travailler. Je n'en sais rien.

— Tu crois que j'ai des chances?

— Je n'en sais rien.

Il est énervé, il n'arrête pas de bouger. Il faut que j'aille travailler, je sais qu'il va rester dans la maison vide à déambuler. Il n'écoutera même pas un disque. Il a peur de ne pas être accepté. Ce boulot dont il a tant envie consiste à collaborer à la fabrication d'un film publicitaire d'animation pour vendre un produit de consommation courante.

— Alors, il te tarde d'entrer dans le système débile?

Il me regarde. Il est habitué à mes attaques de ce côté.

— Il est débile le système, c'est sûr. Tout est débile d'ailleurs. Alors tu sais . . . Si je peux gagner ma croûte en dessinant et me tirer de chez mes vieux, c'est tout ce que je demande.

Ses vieux qui n'ont pas quarante ans!

En sortant de son rendez-vous Bertrand est venu directement ici. Il n'a pas été retrouver les autres Dalton, il n'est pas allé chez ses parents.

— C'est des mecs vachement sympas tu sais. Très simples. Ils m'ont donné du travail. Enfin, ils vont essayer de me faire travailler. Tu vois, comme je ne connais pas la technique du dessin animé, ils m'ont donné à trouver des couleurs pour un décor fixe. Ils m'ont expliqué comment il fallait travailler les encres, les craies. Dans deux jours je vais leur montrer ce que j'ai fait. Je saurai pas.

— Pourquoi?

— Parce que je l'ai jamais fait.

— Ils le savent que tu ne l'as jamais fait. S'ils te font confiance c'est qu'ils pensent que tu es capable de le faire.

— J'y arriverai pas.

Une fois de plus je me trouve nez à nez avec le manque de confiance en eux qu'ils ont presque tous. Ils ont le complexe de l'échec.

— Tu leur as montré tes dessins. Tu sais bien que tu as des bandes dessinées qui ont été prises dans des journaux.

— Petits journaux gauchistes débiles.

— Enfin, Bertrand, je connais les gens qui travaillent pour gagner du *fric. Je t'assure qu'ils vont pas perdre deux jours à donner du boulot à un mec s'ils ne pensent pas qu'il est capable de le faire. C'est marrant comme vous avez tendance parfois à considérer cette société avide comme une succursale de la conférence de Saint-Vincent-de-Paul. Dans les affaires c'est le fric qui prime, les gens n'aiment pas en perdre.

— T'es marrante toi, comment ça se fait que j'arrive à parler avec toi. Moi les vieux ça me colle les jetons.

Finalement Bertrand n'a pas eu le boulot. Je ne l'ai jamais revu. Il a rencontré les enfants et leur a dit: «Ça a foiré. Ce que j'ai fait ne leur a pas plu. C'est des débiles.»

Il y a quelque temps j'ai dîné avec le jeune homme qui aurait dû être son employeur. J'avais oublié l'histoire de Bertrand.

— Comment se fait-il que nous n'ayons plus revu votre jeune protégé? Nous l'avons attendu plusieurs jours. On a fini par donner le travail à un autre.

Ce garçon a vingt-cinq ans. Je ne vois pas pourquoi il me raconterait des histoires. Je n'ai pas su que répondre.

Je crois que si Bertrand, doué comme il l'est, n'a pas fait ce boulot c'est qu'il n'a aucune confiance en lui, qu'il veut se détruire d'une manière ou d'une autre. Il relève de la médecine. Je ne crois pas du tout qu'il s'agisse là de paresse mais, plutôt de mauvaises influences, de drogue, d'impuissance à s'exprimer, de vacuité, de déséquilibre psychique.

Annotations

3 *débraillé* négligé
9 L *le don* Begabung
13 *simplet* un peu simple
15 *les méninges* ici: le cerveau
17 *le film d'animation* Zeichentrickfilm
19 *réintégrer le domicile* revenir à la maison
22 *exalté* passionné
30 *frisé* voir «Portrait des enfants»
38 L *excité* voir «Charlotte et la pilule»
40 *rayonnant* strahlend
40 L *être bouche bée* être très étonné, bouche ouverte
50 L *le vertige* Schwindelgefühl
52 L *être à cheval sur* être très strict pour
53 *les convenances* (f): la bonne éducation, les bons principes
61 *une adolescence* voir «J'en ai trois»
61 L *la maturité* Reife
62 *la soubrette* la domestique
63 *le dadais* grand jeune homme un peu bête
64 *le gamin* (fam): garçon
65 L *éventuel* possible
66 *une aurore* les premières lueurs du jour
66 *être sur son trente et un* avoir ses plus beaux habits
66 *la crasse* voir «Les vêtements fricky»
66 *les haillons* voir «Les vêtements fricky»
75 *les pompes* (argot): les chaussures
86 *se flinguer* (argot): se tuer avec un fusil (= un flingue)
92 *déambuler* voir «La bande de Clamart»
94 L *collaborer* aider à
95 *courant* ordinaire; gängig
99 *gagner sa croûte* gagner de l'argent pour vivre, la croûte de pain
99 *se tirer* (argot): partir
104 *sympa* sympathique
106 L *le dessin animé* Zeichentrickfilm
119 *gauchiste* voir «Portrait des enfants»
123 *avide* ici: (Geld-)gierig
124 *la Conférence de Saint Vincent de Paul* groupe de religieux faisant la charité
125 *primer* avoir la première place
127 *coller les jetons* (argot): faire peur
129 *foirer* (argot): ne pas fonctionner
138 L *doué* avoir du talent
140 L *relever de* voir «La débilité»
142 *la vacuité* vide moral

Compréhension

1. Qui est Bertrand? Qu'est-ce que nous apprenons de lui?
2. Quelle occasion s'offre tout à coup à Bertrand?
3. Comment est-ce qu'il se prépare à cette entrevue (avec ses employeurs éventuels)?
4. Qu'est-ce que nous apprenons de sa famille?
5. Est-ce qu'il réussit à avoir le travail désiré?

Commentaire/Sujets à discussion

1. Il y a plusieurs contradictions dans la personne de Bertrand. Lesquelles?
2. Quelles sont les raisons de ce manque de confiance que la narratrice constate chez les jeunes?
3. Quelle raison est-ce que la narratrice voit aux problèmes de beaucoup de familles?
4. Les parents de Bertrand se sont mariés très tôt. Est-ce que c'est un avantage ou plutôt un inconvénient pour les enfants?

Exercices

1. Il est parti de chez lui. Je l'ai su.
   J'ai su qu'il était parti de chez lui.
   – Bertrand a réintégré le domicile de ses parents.
     J'ai appris cela.
   – Tu as eu un accident. Je l'ai dit à Suzanne.
   – Monique n'a pas voulu quitter Paris.
     Sa sœur l'a écrit à Robert.
   – Tu as fixé le rendez-vous. J'ai appris cela hier.
   – Il s'est trompé d'heure. Je ne le savais pas.
   – Hier vous vous êtes promenés tout l'après-midi.
     Suzanne me l'a dit.
2. Est-ce qu'ils ne le voient vraiment pas?
   Non, *ils font semblant de ne pas* le voir.
   – Est-ce qu'ils comprennent vraiment?
   – Est-ce qu'ils ne le savent pas?
   – Est-ce qu'il ne le veut pas?
   – Est-ce qu'elle ne vous croit pas?
   – Est-ce que vous êtes vraiment intéressés?
   – Est-ce qu'il avait vraiment peur?

XIV. RÉACTIONS À UNE ÉDUCATION BOURGEOISE

A force d'essayer de comprendre leurs malaises, leurs goûts, je me définis mieux moi-même et j'éprouve un grand sentiment de liberté.

J'en viens à me considérer *telle que* j'étais il y a dix ans – ne parlons pas d'il y a vingt ans – comme un animal de zoo.

Je n'ai pas honte de ce que j'étais. Je pense même que c'était un moment nécessaire de mon évolution. Cela me paraît si loin, l'époque où j'étais d'une humeur de chien pendant toute une journée parce que l'argenterie n'avait pas été faite, l'époque où je planais à la suite d'un dîner réussi. L'époque où d'un coup d'œil, en m'asseyant à une table étrangère, je savais si les couverts venaient de chez Puyforcat et, s'ils en venaient, j'avais à l'égard de leurs possesseurs une attitude aimable, une considération naissante.

Je faisais partie de la gauche festive. De ceux qui pleurent sur le sort du tiers monde et des ouvriers en buvant un whisky carte noire ... parce que l'autre, vraiment, est imbuvable. Je voyais mes enfants polytechniciens ou chirurgiens ou, à la rigueur, acteurs de génie, tout en prétendant que cela ne me dérangerait pas de les voir chauffeur de taxi ou plombier ...

La perte totale de toutes mes possessions matérielles a été le premier tremplin de ma libération. Après deux années de vertige j'ai commencé à prendre pied dans une vie laborieuse où j'ai travaillé pour bouffer. Je n'en suis pas morte, au contraire. J'ai découvert que j'étais capable de faire des choses extraordinaires comme la lessive ou cirer les planchers. Je suis devenue agressive vis-à-vis de la gauche festive. Mais ma position n'était pas claire. Un peu douteuse même. Jalousie? envie? manque peut-être? Pas claire. J'étais trop occupée à savoir ce qui se passait dans ce milieu pour en être aussi éloignée que je le disais.

Et puis les enfants ont précipité le mouvement. J'ai opté pour une vie qui n'est pas bourgeoise, qui n'a d'ailleurs aucune orthodoxie. Au début je ne savais que ce que je ne voulais pas: pas de religion, pas d'égoïsme, pas de possession. Tout en étant bien consciente que c'était une position négative par rapport à l'éducation que j'avais reçue. Est-ce que j'allais me mettre à élaborer une autre religion, un autre égoïsme, d'autres possessions? Je voulais être moi-même, bien dans ma peau et non pas être contre ma mère, ma classe, etc. J'avais remarqué combien, au cours de leur petite enfance, les enfants sont sensibles aux fluctuations d'humeur de leurs parents et particulièrement de leur mère. Quand j'allais bien tout allait bien sinon tout allait mal. Il fallait donc que je sois le plus heureuse possible, le plus possible en accord avec moi-même, pour qu'ils soient heureux, libres et confiants.

Décortiquer tous les principes, tous les préjugés, depuis: «Il est interdit de juger ses parents.» J'ai remarqué que les seuls rapports que j'avais eus avec ma mère dans mon enfance étaient passés par le canal rigoureux des interdictions respectées ou pas.

Il n'y avait, entre ma mère et moi, que les mots d'ordre de la vie de tous les jours que j'essayais d'appliquer le mieux possible parce que je l'aimais:

Ne sors jamais sans tes gants.

On ne se retourne pas dans la rue.

On ne croise pas les jambes.

Tiens, voilà de la monnaie pour les pauvres.

On ne dit pas le prix des choses.

Finis ce que tu as dans ton assiette. Songe qu'il y a des gens qui n'ont rien à manger.

On ne juge pas ses parents.

On doit être poli avec les domestiques.

J'exige que tu aies de bonnes notes. Tu m'en seras reconnaissante plus tard. Le bagage des examens est encore le meilleur capital que l'on possède.

As-tu dit tes prières en te couchant?

On se brosse les mains avant chaque repas et les dents après.

On ne parle pas à table.

On dit «oui maman», «non maman», «oui monsieur», «non monsieur», les gens ne sont pas des chiens.

*On n'adresse pas la parole aux étrangers, pas plus qu'on ne leur répond s'*ils vous adressent la parole.

On est économe. L'argent ne fleurit pas et ta famille l'a parfois gagné durement.

Depuis combien de temps ne t'es-tu pas confessée?

Remets-tu ton âme à Dieu chaque matin avant de commencer ta journée?

Ne te regarde pas dans la glace. Ce n'est pas la beauté extérieure qui compte.

Que tu prennes ou pas tes repas à ma table, tu ne dois jamais appuyer ton dos au dossier de ta chaise, cela fait avachi.

Il faut avoir de la tenue.

Les professeurs ont toujours raison. On ne juge pas ses parents.

De mon temps on ne sortait jamais ni en cheveux ni en taille. Ce n'est pas une raison parce que c'est admis aujourd'hui pour te conduire comme une dévergondée.

L'argent ne se touche pas. C'est extrêmement sale, n'importe qui le tripote. Cela se met dans une banque quand on est grand et dans une tirelire quand on est petit.

Et ainsi de suite, pour chaque moment de la journée, pour chaque geste, les menues règles qui feraient de moi une petite fille bien élevée et heureuse. «C'est pour ton bien. Je te le répéterai jusqu'à ce que ça te soit entré dans la tête une fois pour toutes.»

Et c'est vrai que, spontanément, je faisais la révérence aux visites qui entraient et qui sortaient, aux amis de ma mère rencontrés dans la rue. C'est vrai que je n'éprouvais aucune difficulté à décortiquer les crevettes avec mes couverts à poisson, que je pelais mon orange en la maintenant avec une fourchette, que je n'écrasais pas mes légumes dans la sauce, que je présentais un couteau le manche en avant, que je ne m'asseyais pas à table avant qu'on m'y autorise, que je ne sortais de table que si on m'en donnait la permission, que je ne disais pas un mot si on ne m'adressait pas la parole. *C'est vrai que de faire tous ces trucs me facilitait la vie*. C'était de petits points de repère qui me permettaient de reconnaître mes semblables et d'adapter mon comportement. Je me sentais initiée et j'en étais fière.

Après avoir bien réfléchi à tout ce lavage de cerveau intensif, cruel et profond, et après avoir analysé la nécessité de chaque règle, il restait bien peu à garder de mon éducation: manger proprement et être courtois.

Annotations

3 *le malaise* ici: la gêne
9 *être d'une humeur de chien* être de mauvaise humeur
10 *l'argenterie* vaisselle et couverts en argent
12 *Puyforcat* fabriquant de couverts et de vaisselle de grande qualité
15 *la gauche festive* gauche de luxe
18 *un polytechnicien* personne qui a fait l'école polytechnique; c'est l'école la plus renommée pour les études supérieures en France
18 L *à la rigueur* notfalls
22 L *le tremplin* voir «Les jeunes et la musique»
22 L *le vertige* voir «Bertrand»
23 *laborieux:* de travail
25 *cirer* bohnern
27 L *douteux* qui n'est pas clair
30 *opter pour* se décider pour
35 L *élaborer* construire, constituer
38 *la fluctuation* le changement
43 *décortiquer* ici: étudier en détail
43 L *le préjugé* Vorurteil
46 *rigoureux* sévère, strict
47 *le mot d'ordre* Anweisung
59 L *reconnaissant* dankbar
69 L *économe* qui dépense peu d'argent
71 *se confesser* beichten
77 *avachi* voir «Portrait des enfants»
80 *ni en cheveux ni en taille* on ne sort pas les cheveux libres et sans veste
82 *dévergondé* qui n'a pas de bonne morale
84 *tripoter* (fam): toucher avec plus ou moins de soins
85 *la tirelire* Spardose
90 *la révérence* Ehrerbietung, Knicks
92 *décortiquer* enlever la peau, mettre à nu
92 *la crevette* Krabbe
93 L *peler* enlever la peau d'un fruit ou d'un légume
99 L *le point de repère* Anhaltspunkt
100 L *le comportement* la conduite
100 *initié* eingeweiht
104 L *courtois* aimable, poli

Compréhension

1. Décrivez la narratrice d'il y a 10 ans.
2. Qu'est-ce que la gauche festive?
3. Quelles sont les étapes dans la libération de la narratrice de son ancien monde?
4. Pourquoi ne veut-elle pas élaborer une autre religion, un autre égoïsme, d'autres possessions?
5. Comment est-ce que la narratrice a été élevée?
6. Pourquoi est-ce qu'elle n'accepte plus la plupart des règles?

Commentaire/Sujets à discussion

1. Est-il plus facile de définir ce qu'on ne veut pas que ce qu'on veut être? Faites l'essai pour vous-même dans le domaine de l'enseignement.
2. La narratrice dit que son éducation lui a permis d'avoir un comportement sûr. Quels sont les avantages, les inconvénients d'une pareille éducation?
3. Analysez les mots d'ordre. Qu'est-ce qu'ils signifient, quel est leur but, est-ce qu'ils sont encore valables?
4. Etes-vous d'accord avec le résumé de la narratrice qu'il suffit de manger proprement et d'être courtois? Qu'est-ce que ces deux principes demandent exactement?

Exercices

1. Je veux me considérer comme j'étais il y a 10 ans.
   Je veux me considérer *telle que* j'étais il y a 10 ans.
   – J'essaie de le prendre comme il est.
   – Il faut accepter les choses comme le gouvernement les propose.
   – Je ne vois pas les faits comme ce parti les présente.
   – Je ne crois pas à son histoire comme il l'a racontée.
   – Il faut s'imaginer la maison comme elle est prévue par l'architecte.
   – On n'a jamais construit ce moteur comme son inventeur l'a voulu.
2. On n'adresse pas la parole aux étrangers. On leur répond?
   On n'adresse pas la parole aux étrangers; pas plus qu'on ne leur répond.
   – On ne maltraite pas les enfants. Et les chiens?
   – On ne roule pas vite sur le verglas. Et sur une route mouillée?
   – On ne vole pas dans les caisses publiques. Alors, on triche avec la déclaration d'impôt?
   – On ne se nettoie pas les ongles à table. Alors, on s'y peigne?
   – On ne jette pas l'argent par les fenêtres. On gaspille de l'énergie?
   – On ne dort pas en conduisant. On traverse la rue les yeux fermés?
3. Vous faites tous ces trucs et ça vous facilite la vie?
   C'est vrai que de faire tous ces trucs me facilite la vie.
   – Vous buvez un peu d'alcool et ça vous rend plus gai?
   – Vous lisez régulièrement les journaux et ça vous instruit beaucoup?
   – Vous participez à un cours de conversation et ça vous fait parler plus couramment?
   – Vous faites des exercices de yoga et ça vous calme beaucoup?
   – Vous allez au cinéma pour vous changer les idées?
   – Vous voulez toujours faire de votre mieux et ça vous complique la vie?

XV. L'ACCIDENT DE L'ASCENSEUR

Nous habitons le premier étage, c'est facile de parler avec les gens qui passent en dessous, concierges, gardiens, voisins. C'est comme cela que nous avons su qu'*un enfant venait de se faire écraser* dans un ascenseur. Un *gosse qui n'habitait pas notre ensemble, un petit garçon d'un des immeubles vétustes qui sont voués à la démolition et dont les toits bardés d'antennes de télévision semblent interdire au bleu du ciel de descendre plus bas, comme des fils de fer barbelés. Pour son dimanche il était venu s'amuser dans les ascenseurs. Comme on va à la foire du Trône. Il a appuyé sur le bouton. Pas assez fort sûrement car l'ascenseur est monté d'un mètre cinquante puis s'est arrêté. Immobilisé entre le rez-de-chaussée et le premier étage, l'enfant, à coups de pied, a défoncé la fenêtre qui orne la porte de l'ascenseur. Il a essayé de sortir par là, les pieds les premiers, puis le corps, mais la tête n'est pas passée. Quelqu'un dans les étages supérieurs a appelé l'ascenseur. Ce petit garçon a eu le crâne broyé comme une noix.

Grégoire:

— A sept ans, j'aurais jamais pensé à défoncer la porte. J'aurais *gueulé, j'aurais flanqué des coups pour faire du bruit. J'aurais pas fait ça.

L'avis de Grégoire est important car il a été un casse-cou effrayant dans son enfance.

— Ça c'est un coup de la télé. «Mission impossible», «Zorro» et tout le reste. Il a vu des trucs impossibles qui marchent à tous les coups. Ça a pas marché pour lui.

Nous étions consternés. L'après-midi était pesant et n'en finissait plus. Tout était triste.

Le lendemain ça a été le grand cinéma de la télévision et de la radio. Voitures, caméra, micros.

— Tu as vu le gardien tout ce qu'il raconte? Il n'était pas là, c'était son jour de congé. Il ne sait rien.

— Y a la gardienne qui fait la vedette. Elle était pas là, le dimanche c'est sa remplaçante qui garde la loge.

On filmait la porte d'ascenseur *à la vitre cassée*. On faisait parler les passants.

— Mais les gens qui parlent ne savent rien!

– Et puis maman, le gosse est mort, c'est *vachement triste. Mais il y a tellement de gens qui crèvent dans le monde. Pourquoi est-ce qu'ils font une telle histoire avec ça?

– Parce qu'il ne doit pas y avoir de nouvelles sensationnelles aujourd'hui. Il faut qu'ils fassent leur journal.

C'était la première fois qu'ils prenaient conscience de la façon dont se fait l'information. Ils ne comprenaient pas comment l'histoire de ce pauvre gosse pouvait «faire un sujet».

– Il y a combien de gosses qui sont morts au Viêt-nam hier?

– Le Viêt-nam c'est loin.

Annotations

5 *l'ensemble* ici: un ensemble de maisons
6 *vétuste* voir «L'enseignement»
6 *voué* destiné
7 *bardé* ici: recouvert
8 L *le fil de fer barbelé* Stacheldraht
9 *la foire du Trône* grande fête à Paris; Kirmes
12 *défoncer* détruire
16 L *broyer* réduire en petits morceaux, zermahlen
19 *flanquer un coup* voir «L'avortement de Françoise»
21 *un casse-cou* Draufgänger
23 *Mission Impossible* film policier donné à la télévision
26 *consterné* désolé
32 L *faire la vedette* jouer le personnage le plus important
33 *la loge* appartement du gardien de l'immeuble

Compréhension

1. Racontez l'accident.
2. A qui la faute de cet accident d'après les enfants?
3. Pourquoi les enfants trouvent-ils absurde qu'on en fasse une information sensationnelle?

Commentaire/Sujets à discussion

1. Que faites-vous si l'ascenseur s'arrête entre deux étages?
2. Croyez-vous que les émissions du genre «Mission impossible» aient une telle influence sur les enfants?
3. Savez-vous pourquoi on prête une telle importance à cet accident?
4. Est-ce que vous trouvez la comparaison avec le Viêt-nam justifiée?

Exercices

1. Cet enfant? Il a été écrasé?
   Hélas oui, *il vient de se faire écraser.*
   – Ce monsieur est blessé? Il a été renversé par une bicyclette?
   – Ce touriste? On lui a volé son appareil photo?
   – Le directeur? Il a été kidnappé?
   – Et ce boxeur? Il a été éliminé du concours?
   – Pourquoi est-il tout d'un coup furieux? On l'a traité d'imbécile?
   – Quoi, mon meilleur ami? Il a été mis en prison?
2. C'est la porte d'ascenseur dont on a cassé la vitre?
   Exact, c'est la porte d'ascenseur *à la vitre cassée.*
   – Tu parles de la fille qui a de merveilleux cheveux roux?
   – Tu parles du prêtre qui conduit une Porsche blanche?
   – C'est le roi qui a eu cinq femmes?
   – Mais cet homme sur le tableau porte un casque d'or!
   – Il y a beaucoup de sources dans cette forêt. Oui, c'est pourquoi on l'appelle ...
   – C'est ton copain qui a une amie française?

XVI. «LES AMERLOQUES»

Un raz de marée est passé sur la maison et je me demande aujourd'hui comment nous en sommes sortis, comment les murs sont encore debout.

C'est venu un soir remorqué par Grégoire: une horde de jeunes pour la plupart étrangers. Des Américains surtout. Une vingtaine. Une nuit, au plus gros de la tourmente, j'ai compté que nous étions trente-cinq là-dedans.

L'incendie de Montréal, la mort de ma mère, les pires crises de Charlotte ou de Grégoire, tout cela n'est rien *en comparaison de* la seule présence des «Amerloques».

Moi qui croyais être allée au bout de la dépossession je me suis rendu compte que j'étais loin du compte. Plus de chambre, plus de lit, plus de vêtements, plus de jour, plus de nuit, plus rien. Il y avait là Burt, Vic, Megumi, Nina, Frida, Oliver, Frédérique, Michel, Thuan, Philip, Emily, Sher, Leeroy, etc.

La musique sans arrêt, la drogue, l'alcool, les «Jesus freaks», les végétariens, les zen. *De drôles d'odeurs* habitaient la maison, mélange d'encens, de nuoc-mâm, de *hach et de patchouli. Les quelques meubles croulaient sous des amoncellements de vêtements super-fricky: chasubles taillées dans des drapeaux, bottes de cow-boys, robes 1925 achetées aux puces, chemises de nuit 1900, chapeaux genre mousquetaire ou Texas, plumes d'autruches, paillettes pour les paupières, paillettes pour les narines, bracelets, colliers, foulards indiens.

Mes enfants et leurs copains fascinés.

– You can sleep here you know.

– You can eat here.

– If you like this spoon you can keep it.

– Sure?

– Sure, my mother does'nt mean.

– Oh thank you, your mother is fantastic!

– And this little chair?

– You can keep it too.

Ils leur donnaient tout, tout ce qu'il possédaient tout ce qu'il y avait dans la maison.

Je les laissais faire. Je les regardais. J'ai d'abord cru qu'ils ne resteraient qu'une nuit. Mais le lendemain ils étaient là et le surlendemain aussi, trois semaines plus tard ils étaient toujours là.

Tout se désagrégeait, tout se décomposait à leur contact. La crasse, la gentillesse et le néant régnaient. Ils étaient en route pour une croisade sans but. Ils s'arrêtaient par-ci par-là de par le monde, récoltaient un copain, en perdaient un autre. Ils étaient capables de dormir *n'importe où* et *à n'importe quel moment*. Ils ne se dérangeaient nullement les uns les autres.

Charlotte manquait de plus en plus le lycée. Grégoire s'était trouvé deux petites Américaines. Seule Dorothée, toujours impeccable, trouvait le moyen de faire ses devoirs et d'être à l'heure le matin pour ses cours. Telle la statue du commandeur elle enjambait dignement les corps endormis, laissant derrière elle un parfum de lavande et de propre qui devenait le seul élément baroque de cette assemblée. Je croisais souvent son regard courroucé mais je n'y répondais pas. Je ne savais pas. Je voulais connaître, comprendre. J'ai cru pendant longtemps qu'ils avaient une philosophie, une pensée, un ressort. Ils n'en avaient pas.

Au bout de quelques jours leur inconsistance a commencé à me taper sur les nerfs. Et puis ça puait trop là-dedans. Si l'un d'eux lâchait un pet ou un rot il y avait toujours un copain pour psalmodier comme un chantre sinistre: It's human, d'un air résigné comme pour dire: «Il faut vivre avec notre corps, il ne faut pas en avoir honte.»

Rapidement je me suis rendu compte que c'était deux Américains qui faisaient vivre le groupe. Ils téléphonaient en P.C.V. à leurs parents, qui habitaient respectivement à New York et à Los Angeles, pour demander de l'argent. En attendant la manne ils se mettaient à hiberner littéralement. Ils se repliaient sur eux-mêmes, ne se nourrissaient presque plus, fumaient et dormaient. Il paraît que quelques-uns étaient junkies mais je ne les ai jamais vus se piquer. Je crois qu'ils sniffaient surtout.

Je sentais très bien que j'aurais été maladroite en les flanquant brutalement à la porte. Alors j'ai laissé mûrir la situation. Je regardais de tous mes yeux. J'essayais de connaître le départ de leur aventure.

L'intrusion de l'Amérique ici était un événement considérable car les jeunes Européens sont attirés par ce qui vient du nouveau continent.

Cette expérience était importante. Pas tellement pour mes enfants qui ont déjà vécu là-bas mais pour leurs amis, pour tous les débiles, pour les amoureux de la pop-music et du folk-song du quartier. Ils pouvaient enfin toucher du doigt, poser des questions, vérifier. Ils se débrouillaient pour parler anglais.

Laisser pourrir. Je faisais une guerre de guérilla. J'attendais que la décomposition opère d'elle-même avant de passer à l'action. Je les regardais sans broncher couper en deux les grandes couvertures, casser les chaises *à force de se balancer dessus*. Il n'y avait plus de verres, plus de draps, plus de serviettes de toilette, tous les lavabos, baignoires, éviers, et autres bidets étaient bouchés. Les couverts partaient dans le vide-ordures avec les déchets des repas. La vaisselle s'accumulait. Toutes les tasses étant sales ils buvaient dans des vases ou des pots de confitures. Je me moquais de tous ces objets perdus. Ce qui m'inquiétait, m'angoissait même, au point de me faire passer toutes mes nuits blanches, c'était de voir mes enfants là-dedans. Quelle serait leur réaction finalement? Est-ce que j'avais raison d'agir de cette manière? A la vérité il y avait des mois que j'en avais marre de la débilité. Mes discours ne servaient pas à grand-chose. Alors il me semblait que la meilleure manière de les purger de la débilité, c'était de les laisser aller jusqu'au bout de la débilité.

Impossible de dormir à cause du bruit qui ne cessait ni jour ni nuit. Quand l'électrophone ne marchait pas il y en avait toujours un pour jouer de la guitare ou du banjo, quand ce n'était pas des tablas. Ils se faisaient sans arrêt du thé ou du café.

Est-ce que j'avais perdu pied? Est-ce que je n'étais pas folle de laisser mes enfants vivre cette vie?

Tout était faux là-dedans, et compliqué. Faux sentiments, fausse pauvreté, faux détachement.

Finalement, la situation a été mûre. Je l'ai senti, un jour en rentrant, à une certaine maussaderie de Grégoire, à une mauvaise humeur de Charlotte parce qu'elle ne retrouvait plus ses chaussures préférées.

— Ils exagèrent, ils piquent toutes mes affaires. Mais eux, pour leur prendre quelque chose, il faut se lever de bonne heure.

Alors je suis passée à l'attaque. D'abord avec la drogue.

— Vous pouvez faire ce que vous voulez sauf vous *camer. Je ne veux pas un gramme d'aucune drogue ici.

Puis, au lieu de continuer à rester passive, j'ai commencé à leur poser des questions. J'essayais de leur faire définir leurs positions. «Où allez-vous?» «Pourquoi vivez-vous comme cela?» «Qu'aimez-vous?» «Avez-vous une position politique?»

Ils ne savaient pas.

Au départ, pour tous, sans exception, il y avait un dégoût profond de leur milieu familial. Pas de leurs parents eux-mêmes mais du cadre dans lequel ils vivaient. Ils n'étaient pour rien, ils étaient contre tout.

J'ai exigé qu'on ouvre les fenêtres, qu'on fasse la vaisselle, qu'on range, qu'on nettoie, qu'on lave.

Ça n'a pas traîné. Ça a même été incroyablement vite. Un matin je suis partie et dans la soirée, quand je suis revenue, il n'y avait plus personne.

Partie la bande des Amerloques. Vers quels hôpitaux? Quelles folies? Quels désespoirs?

Moi qui m'étais juré, dans mon enfance, d'aider tous les enfants du monde, voilà que, je *foutais à la porte des enfants en mauvaise santé et malheureux. Alors quoi? Sacrifiés à mes propres enfants? Et pourquoi?

Pourquoi?

Je crois que c'est parce que les Amerloques et ceux qui leur ressemblent singent la misère. Cela me paraît être d'un snobisme insupportable. Même s'ils sont sincères, même s'ils ne sont pas conscients du profond scandale que constitue leur attitude vis-à-vis de ceux qui sont pauvres de naissance.

Le fait de se rebeller contre leur milieu familial les amène à trouver beau et bon ce qui est à l'opposé. Les bourgeois sont minables, alors les misérables sont chouettes. Nous allons donc nous mettre à jouer les misérables avec les *sous de papa.

— Ils n'y voient pas plus loin que le bout de leur nez. Papa a une auto nous on en aura pas. Papa a une cravate nous on en aura pas. Maman a des chaussures à talons, nous on marchera pieds nus. Papa et maman sont riches, nous on sera pauvres.

— Papa est un capitaliste et eux ils sont quoi?

— Eux ils sont des *camés.

— La *came en face du dollar?

— Oui.

— La came c'est encore le dollar. Alors ils sont dans un cul-de-sac?

Après le départ des Amerloques ils avaient tous beaucoup changé. Ils étaient devenus plus conscients, plus avertis. Je suis certaine qu'ils y ont vu plus clair, qu'ils ont découvert certains mécanismes qui poussent les adolescents à être ce qu'ils sont.

2 *le raz de marée* Sturmflut

4 *remorquer* ici: amener

6 *la tourmente* Sturm, Wirren

9 *la seule présence* ici: l'unique présence

11 *la dépossession* Aufgabe des Besitzes

12 L *être loin du compte* n'être pas encore arrivé au bout

17 *les Zen* secte bouddhiste du Japon

18 *un encens* Weihrauch

18 *le nuoc-mâm* asiatisches Gewürz

18 *les quelques meubles* ici: les meubles peu nombreux

19 *crouler* se casser sous un poids; zusammenbrechen

19 *un amoncellement* un tas

19 *la chasuble* vêtement sans manches, de forme ample

21 *les puces* le marché aux puces; Flohmarkt

21 *genre* ici: à la façon de

22 *une autruche* Strauß

22 *la paillette* Flitter

22 L *la paupière* Lid

23 L *la narine* Nasenloch

38 *désagréger* détruire

38 L *décomposer* défaire

38 *la crasse* voir «Les vêtements fricky»

39 L *le néant* Nichts, Leere

39 L *régner* dominer; herrschen

39 *la croisade* Kreuzzug

40 *de par le monde* à travers le monde

41 L *n'importe* ... irgend(wo), (voir exercice)

45 L *impeccable* propre, bien habillé, net

47 L *dignement* würdevoll

48 *la lavande* Lavendel (aromatische Pflanze)

50 *courroucé* plein de colère

52 L *le ressort* treibende Kraft

53 *une inconsistance* Flatterhaftigkeit

54 *puer* (fam): sentir mauvais

54 *le pet* Furz

55 *le rot* Rülps

56 *le chantre sinistre* hier: Vorsänger einer Trauergemeinde

59 *P.C.V.* R-Gespräch, der Angerufene zahlt das Gespräch

60 L *respectivement* beziehungsweise

61 *la manne* cadeau inattendu des dieux; «Manna»

61 *hiberner* Winterschlaf halten

62 L *littéralement* buchstäblich

62 L *se replier sur soi-même* ne plus avoir de contacts avec l'extérieur

66 *flanquer à la porte* voir «La débilité»

67 L *mûrir* devenir mûr

69 *une intrusion* Eindringen

74 *toucher du doigt* connaître de près

77 *opérer* agir

78 *sans broncher* (fam): sans protester

80 L *un évier* Spülbecken

81 *le vide-ordures* Müllschlucker

82 L *le déchet* ce que l'on jette

82 L *accumuler* réunir des choses en tas

84 L *angoisser* faire peur

85 L *au point de* dermaßen, daß

85 L *la nuit blanche* nuit où l'on ne dort pas

88 *en avoir marre* (fam): en avoir assez

89 *purger* hier: austreiben

98 *le détachement* ici: l'indifférence

100 *la maussaderie* la mauvaise humeur

102 *piquer* (argot): voler, prendre

119 *les Amerloques* surnom péjoratif donné aux Américains

123 L *sacrifier* opfern

126 *singer* imiter (nachäffen)

128 L *conscient de* bewußt

128 L *vis-à-vis de* face à

131 *minable* mies

142 *le cul-de-sac* Sackgasse

144 L *être averti* avoir de l'expérience

Compréhension

1. Quels sont les nouveaux venus? Qu'est-ce qu'ils changent par leur présence?
2. Comment réagissent les enfants de la narratrice et leurs amis?
3. Comment réagit la narratrice elle-même? Définissez l'evolution de son attitude.
4. Qu'est-ce qui fait vivre le groupe des Américains?
5. Expliquez l'expression «ils se mettaient à hiberner littéralement».
6. Pourquoi la narratrice ne met-elle pas les Américains à la porte (comme elle l'avait fait avec les Dalton)?
7. Décrivez comment la situation s'aggrave.
8. Quelle est la plus grande angoisse de la narratrice?
9. A quel moment les enfants commencent-ils à en avoir assez?
10. Comment l'aventure finit-elle?
11. La mère fait partir les Américains, mais avec des scrupules. Lesquels?
12. Quelles sont les raisons essentielles de l'antipathie qu'éprouve la mère pour les Américains?

Commentaire/Sujets à discussion

1. Pourriez-vous vivre dans un tel groupe, au moins à l'essai? Si non, qu'est-ce qui vous gêne le plus, si oui, qu'est-ce qui vous empêche de le faire?
2. Quelles sont vos réactions quand d'autres vivent à vos dépens? Donnez des exemples.
3. Comment jugez-vous l'attitude de la mère (du début à la fin)?
4. D'après vous, qu'est-ce qui pousse les Américains à agir de la sorte?
5. Comment pourrait-on aider les jeunes Américains qualifiés par la mère elle-même de malheureux?

Exercices

1. Est-ce que le français est plus facile que le latin?
   Oui, *en comparaison du* latin le français est plus facile.
   — Est-ce que les mathématiques sont plus compliquées que le latin?
   — Est-ce qu'une auto est plus chère qu'une moto?
   — Est-ce que le train est plus confortable que l'avion?
   — Est-ce que le métro est plus rapide que l'auto?
   — Est-ce que le taxi est plus cher que le métro?
   — Est-ce qu'un cours de français est plus fatigant que le travail à la maison?
2. *Moi qui croyais* être allée au bout de la dépossession, je m'étais trompée.
   — Eux qui .....

– Nous qui .....
– Elle qui .....

Moi qui m'étais juré d'aider tous les enfants du monde, voilà que je mettais les Américains à la porte.

– Elles qui .....
– Toi qui .....
– Vous qui .....
– Lui qui .....

3. Il y a des odeurs bizarres dans cette maison.
   Tu as raison, ce sont *de drôles d'odeurs.*
   – Regarde-moi cette voiture bizarre. – Vraiment, c'est .....
   – Regarde-moi cette maison bizarre.
   – Regarde-moi ce jeune homme bizarre.
   – Regarde-moi ces couleurs bizarres.
   – Ce sont des sentiments bizarres.
   – Regarde-moi cette bête bizarre.
4. Où est-ce qu'ils dormaient? Ils dormaient *n'importe où.*
   A quel moment dormaient-ils? Ils dormaient *à n'importe quel moment.*
   – Comment faites-vous vos devoirs?
   – A quelle heure prenez-vous du thé?
   – Sur quel papier écris-tu tes lettres?
   – Qui sait parler anglais?
   – Qu'est-ce qu'il fait avec tout cet argent?
   – Avec qui partez-vous en vacances?
     Attention! Ne pas employer avec «combien».
5. Ils se balancaient toujours sur les chaises. Finalement ils les ont cassées.
   A force de se balancer sur les chaises ils les ont cassées.
   Attention! Ne pas reprendre «toujours» dont le sens est contenu dans «à force de».
   – Il s'est entraîné pendant des mois. Enfin il a battu le record national.
   – Buvant toujours il ne peut plus conduire.
   – Comme il rentrait toujours tard la nuit, il a eu des ennuis avec ses parents.
   – Vous parlez très bien le français parce que vous passez toutes vos vacances en France.
   – Si on fait assez d'économies, on deviendra peut-être millionnaire.
   – Si vous mangez toujours dans les restaurants chinois, votre teint deviendra jaune.

XVII. LA CONSOMMATION

Les jeunes aujourd'hui savent très bien qu'ils sont un objet de consommation qui consomme.

Les jeunes ne sont jamais dupes de cette comédie.

— Les Beatles, qu'est-ce qu'ils se font comme *fric!

— Ils sont complètement récupérés.

— *Ils ont même été décorés par la reine d'Angleterre.*

— Ils ont rendu la décoration.

— D'accord, mais ils ont commencé par la prendre.

— Un gars comme Hendrix c'était un gars honnête.

— S'il n'était pas mort si vite peut-être qu'il aurait fait comme les Beatles.

— Il paraît qu'il donnait tout son *pognon aux autres. Lui, il vivait comme un minable.

— On parle d'eux et on pense même pas à dire merci aux fabricants de disques. On connaîtrait pas tous ces mecs-là si y avait pas les marchands de disques. Ils sont *sapés comme des bourgeois mais ils crachent pas sur les débiles. Ils sont conservateurs et capitalistes mais je suis sûr qu'ils favorisent le trafic de la came et les fabriques de vêtements fricky.

— T'as vu la dernière pochette des Rolling Stones? Super-beau!

— Oh dis donc la *nana!

— Et la pochette du Santana!

Et le mec sur l'autre pochette! Tu vois y sortirait d'ici, fringué comme ça, avec la *gueule qu'il a, il fait pas cent mètres. Les flics l'embarquent en le tirant pas les cheveux!

— On dit qu'il faudrait pas consommer les produits des vieux. Mais alors il faudrait pas consommer de disques non plus.

— Ben alors d'où tu sors! Tu viens de découvrir ça? Tu crois peut-être que c'est nous qui avons découvert les Beatles? Ça va pas non! C'est des vieux qui nous les ont fourgués, comme la drogue, comme le reste.

— Tous les mecs qui trafiquent avec la jeunesse ils devraient nous aider.

— Qu'est-ce qu'elle est *conne celle-là! Ils travaillent pas avec la jeunesse. Ils trafiquent avec le pognon. Ils *s'en foutent pas mal de la jeunesse. On est un marché, c'est tout.

Annotations

4 *dupe* personne qui se laisse tromper par d'autres
6 *récupéré* angepaßt
14 *minable* voir «les Amerloques»
17 *ils ne crachent pas sur* (fam): ils aiment
21 *la pochette* une enveloppe pour disques
26 *embarquer* ici: emmener
31 *fourguer* (argot): donner ou vendre

Compréhension

1. Qu'est-ce qu'on reproche aux Beatles?
2. Pourquoi veut-on remercier les fabricants de disques?
3. Qu'est-ce qu'il y a d'étonnant sur les pochettes?
4. Qu'est-ce que le marché des jeunes?

Commentaire/Sujets à discussion

1. Connaissez-vous d'autres secteurs du marché des jeunes?
2. Si l'on voulait sérieusement contester cette commercialisation, qu'est-ce qu'il faudrait faire?

Exercices

La reine d'Angleterre les a même décorés.
Ils ont même été décorés par la reine d'Angleterre.
– La police les a bientôt arrêtés.
– Les voisins nous ont vite avertis.
– Les fabriques ont récemment pollué la rivière.
– Les douaniers ont bien surveillé la frontière.
– L'opposition a durement critiqué le gouvernement.
– Mes amis m'ont cordialement invité.

XVIII. POLITIQUE ET ENGAGEMENT

Maintenant on dit aux enfants: «Prenez vos responsabilités.» Les adultes ils sont pas capables d'en prendre et nous il faut qu'on en prenne.

— Il y a quatre ans on t'aurait jamais dit ça. Et puis les jeunes ont fait trembler le système sur sa base alors on les a écoutés. En ce moment vous laissez tomber, vous n'allez pas jusqu'au bout. Vous ne vous rendez pas compte du pouvoir que vous pouvez avoir. Vous ne faites plus rien dans les lycées cette année.

— T'es marrante, les meneurs ont été mis à la porte.

— Il devrait y avoir une autre vague et puis encore une autre. S'il n'y en a pas c'est que vous êtes récupérés ou que vous n'êtes pas convaincus, c'est que vous ne désirez pas profondément tout chambouler.

— Non, c'est vrai, moi je veux pas une révolution brutale.

— Alors qu'est-ce que tu veux? De petites réformes qui conviendraient à tes petits besoins? Ça va pas comme ça. C'est tout ou rien. C'est une mentalité qui change totalement ou la vieille mentalité qui reste.

— C'est trop grave pour nous. On peut pas décider de choses pareilles. On est trop jeunes.

— Tu es bien capable de prendre tes responsabilités en prenant tes pilules. Parce que tu es sûre que tu ne veux pas avoir d'enfants dans les conditions où tu vis aujourd'hui et tu es sûre que tu veux faire l'amour. Mais tu ne veux pas prendre de responsabilités en ce qui concerne ton instruction, ta formation. Tu fais des caprices quoi. Tu penses: «Moi je suis une révolutionnaire parce que je fais ce qui me plaît.» C'est le contraire de la révolution.

Ils fuient l'engagement politique.

—Comment veux-tu que nous adhérions à un parti, nous ne savons rien.

— Je suis trop jeune pour faire un choix.

— Le baratin des JC! On dirait qu'ils nous appâtent comme des poissons.

Il y a trois ou quatre jeunes gauchistes qui passent à la maison de temps en temps, dans la soirée. Ce sont de jeunes ouvriers ou des étudiants devenus ouvriers. *Ils militent dur*. Je ne sais ni leurs noms ni leurs prénoms.

Les enfants les détestent. Dès qu'ils en voient apparaître un, c'est le sauve-qui-peut. Ils se calfeutrent dans les chambres. Ceux qui sont coincés dans le salon y restent. Ils prennent un air indifférent pendant que les autres parlent, ils regardent voler les mouches. Après leur départ:

— Mais qu'est-ce que tu as avec ces mecs? Pourquoi tu les aimes comme ça? Ils ne viennent que pour te soutirer du *fric.

— J'aime leur cause et puis je les aime parce qu'ils sont vivants, ils ont un but. Je n'aime pas la débilité, le «*ras le bol» amolli. Si on n'aime pas la société on lui tourne le dos mais on ne reste pas en face à la contempler et à faire des commentaires sur sa débilité. C'est vraiment lui donner trop d'importance.

— Arrête ton char! Nous, la révolution, on n'y croit pas. T'as qu'à voir les Russes ce qu'ils sont devenus et même Mao qui serre la pince à Nixon. Quant à 1789 n'en parlons pas! T'as qu'à voir où on en est en France: «Tous les hommes sont égaux en droit.» Resultat, *sur mille enfants d'ouvriers il n'y en a que trente-quatre qui* entrent à l'université. Elle est belle l'égalité.

— Qu'est-ce que vous faites pour que ça change?

— Et toi?

Ce qui les touche c'est l'absurdité et la relativité de tout. Rien n'est réellement important. Rien n'est réellement négligeable.

En ce qui concerne la guerre leur attitude est d'une extrême violence. La guerre les dégoûte. Mourir pour enrichir des marchands de canons ou pour assurer sur un trône quelque homme politique douteux, c'est insupportable. Je n'en ai encore jamais rencontré un seul qui veuille faire son service militaire. Ils se feront réformer ou ils iront à la coopération.

L'effondrement de l'armée à la fin de la guerre d'Algérie a enlevé le peu de doré qui restait à l'activité militaire du pays. Quand les adultes parlent de la guerre ils parlent de la guerre de 14 ou de la guerre de 39-45. Pour les jeunes la guerre c'est la guérilla, c'est l'affrontement entre une idéologie libératrice et la stupidité d'un boyard. La guerre c'est le Viêtnam, le Bengla Desh, l'Irlande.

Annotations

9 *un meneur* personne qui mène les autres, (ici:) à contester le système scolaire
11 *récupéré* voir «La consommation»
12 *chambouler* (fam): mettre en désordre
20 *la pilule* voir «Charlotte et la pilule»
27 L *adhérer à un parti* devenir membre d'un parti
30 *le baratin* (fam): bavardage sans valeur fait pour attirer
30 *J. C.* Jeunesses Communistes (parti de jeunes)
30 L *appâter* ködern
37 *se calfeutrer* s'enfermer
38 L *être coincé* être bloqué
42 *soutirer* prendre par ruse (ruse: voir «Souvenirs d'un amour de jeunesse»)
43 *la cause* ici; les idées
44 *amolli* devenu mou
45 L *contempler* admirer longuement
48 *arrête ton char* (argot): arrête de dire des bêtises
49 *serrer la pince* (argot): serrer la main
57 *négligeable* voir «La bande de Clamart»
60 L *douteux* voir «Réactions à une éducation bourgeoise»
62 *la coopération* au lieu de faire le service militaire, les jeunes gens vont travailler dans les pays du tiers-monde; là, ils aident ou coopèrent
63 *un effondrement* le fait de tomber en ruines
66 L *un affrontement* le combat
67 *un boyard* nom des anciens nobles de Russie

Compréhension

1. Pourquoi dit-on aujourd'hui aux jeunes de prendre leurs responsabilités?
2. Pourquoi ne se passe-t-il plus rien dans les lycées? (Donnez plus d'une raison.)
3. Où est-ce que quelques jeunes prennent leurs responsabilités?
4. Pourquoi ce groupe de jeunes communistes vient-il?
5. La mère est la seule à les soutenir. Expliquez ses raisons.
6. Pourquoi les enfants ne veulent-ils pas entendre parler de la révolution?
7. Pourquoi la guerre les dégoûte-t-elle?
8. Pourquoi est-ce qu'ils ne détestent pas toute sorte de guerre au même degré?

Commentaire/Sujets à discussion

1. Est-ce que vous êtes d'accord avec la mère que «c'est tout ou rien», quand on veut changer quelque chose?
2. Connaissez-vous d'autres exemples où vous, les jeunes, devez prendre vos responsabilités?
3. Pourquoi êtes-vous ou non engagé politiquement?
4. Qu'est-ce qu'il faut encore changer dans le système scolaire?
5. Comparez les exemples de la guérilla avec la définition qu'on en donne.
6. Chez nous, il y a également beaucoup de jeunes qui ne veulent pas faire le service militaire. Est-ce que c'est pour les mêmes raisons?

Exercices

1. Ce ne sont pas des mous.
   Ils militent dur.
   (Il y a certaines locutions avec des adjectifs à la place de l'adverbe. L'adjectif reste invariable.)
   - Cette soupe sent l'ail.
     Elle sent ...
   - Il ne sait pas chanter dans le ton.
     Il chante ...
   - 800 francs pour cette robe.
     Elle coûte ...
   - Le moteur tourne bien.
     Il tourne ...
   - En Allemagne, le soir on ne prend pas souvent un repas chaud.
     On mange ...
   - J'ai beaucoup de travail en ce moment.
     Je travaille ...
2. Il n'y a que *trente-quatre enfants d'ouvriers sur 1000* qui entrent à l'université.
   Dans une classe de 24 élèves au total
   - six élèves aiment le français.
   - douze élèves aiment les mathématiques.
   - seize élèves aiment l'anglais.
   - vingt élèves aiment l'histoire.
   - vingt-quatre élèves aiment le samedi libre.

XIX. LA SÉLECTION

Longue conversation ce matin avec Charlotte avant son départ pour le lycée. Elle assise au pied de mon lit, moi allongée, chacune avec sa cigarette et sa tasse de thé.

Nous récapitulons, dans l'ordre, toutes les sélections qui font trembler, qui tombent comme une guillotine. Et ça depuis la classe de septième. De dix ans à dix-huit ans. Huit années à naviguer à travers de gros écueils. Pendant huit ans, la hantise des moyennes, la peur du renvoi, car il n'y a pas de places dans les lycées, alors il faut en faire coûte que coûte. Si vous êtes trop vieux, si vous n'avez pas la moyenne, il faut partir. Et une fois au bout de ça, encore de longues années avec, comme bruit de fond, la corne de brume du chômage qui beugle à intervalles réguliers au-dessus des jeunes.

– J'ai une trouille bleue de passer mon bachot. Je n'y arriverai jamais.

– Mais si, tu y arriveras. J'en suis certaine.

Ils n'ont aucune confiance en eux!

Grégoire a commencé un stage de montage. J'en suis très heureuse. Il se passionne pour le cinéma et il me tarde qu'il entre totalement dans cet univers qu'il a choisi et qui lui convient.

Charlotte, en se levant pour partir:

– J'espère que ça va marcher pour Grégoire. *Pourvu qu'il ne se fasse pas mettre à la porte.*

– Pourquoi ça? Il n'y a aucune raison pour qu'il se fasse mettre à la porte.

– J'ai tellement vu les copains foirer dans leurs *boulots.

– Parce qu'ils faisaient n'importe quoi. Du travail idiot. Si ce que tu fais te plaît, ça marche.

Heureusement Anne était là, avec ses petites annonces en main, à appeler au téléphone des employeurs possibles. J'entends quotidiennement ses pauvres phrases: «Niveau bac . . . J'ai fait du secrétariat mais je ne suis pas dactylo . . . Niveau bac, oui . . .» Elle a entendu notre conversation. Elle conclut:

– Quand le boulot est *con tu le fais pas bien. Et pour avoir des boulots pas cons il faut connaître des gens ou avoir des tas de diplômes. Et encore . . .

Annotations

6 *un écueil* rocher formant un obstacle
8 *la hantise* l'obsession, la peur
8 *la moyenne* ici: la moyenne des notes
9 *coûte que coûte* à n'importe quel prix
12 *la corne de brume* Nebelhorn
12 *beugler* brüllen
14 *une trouille bleue* (argot): une grande peur
14 *le bachot* le baccalauréat ou le bac
17 *le montage* ici: Schnitt und Zusammenstellung
21 *pourvu que* espérons que
25 *foirer* voir «Bertrand»
30 *niveau bac* niveau de la classe du baccalauréat
31 *une dactylo* Stenotypistin

Compréhension

1. Qu'est-ce qui rend le lycée si difficile pour les jeunes?
2. Qu'est-ce qu'il faut faire coûte que coûte? Que veut dire «en» ici?
3. Quel est l'univers que Grégoire a choisi?
4. Que fait Anne? Quel est son problème?

Commentaire/Sujets à discussion

1. D'après le texte, quel est le rapport entre le lycée et le manque de confiance des jeunes? Etes-vous d'accord?
2. «Si ce que tu fais te plaît, ça marche.» Est-ce vrai?
   Le contraire est-il vrai également? Racontez vos expériences.
3. Que pensez-vous du dernier paragraphe?
4. Quel métier aimeriez-vous exercer? Quelles sont les conditions pour trouver un poste?

S'il ne se fait pas mettre à la porte, ça marchera pour Grégoire.
Ça marchera pour Grégoire,
pourvu qu'il ne se fasse pas mettre à la porte.

- Si vous pouvez sortir la voiture du garage,
  je vous la prête.
- S'il ne fait pas encore nuit,
  vous trouverez sa maison facilement.
- Si je suis de bonne humeur,
  je supporte tout.
- Si nous avons assez à manger,
  nous pouvons y rester une semaine.
- S'il a réservé des places,
  il ne faut pas se presser.
- Si vous savez son nom,
  on peut chercher son adresse dans le bottin.

XX. LE VOL

Avant-hier je disais que je n'enlèverais pas la clé de la porte pendant l'été et aujourd'hui tout est remis en cause, profondément: on a volé les pièces d'or que j'avais dans un tiroir de mon secrétaire, l'appareil photo de Grégoire et le reste de l'argenterie.

Il est évident que cela a été fait par quelqu'un de la maison, un des jeunes *qui a l'habitude de* venir ici. Tout le monde est soupçonnable, sans exception, et celui, celle ou ceux qui ont volé savaient que le nombre les protégerait. Du coup, tout le monde devient suspect de vol, mais, ce qui est plus grave, tout le monde devient suspect de mépris. Mépris de tout ce que j'essaie de faire, mépris du groupe, mépris des autres.

Que faire?

D'abord j'ai pensé enlever la clé et mettre tout le monde à la porte, y compris Lakdar et Bertrand le Canadien qui logent ici, qui n'ont pas un sou, pas d'abri, pas de famille. Mais, à ce compte-là, pourquoi ne pas mettre aussi mes propres enfants à la porte? Pourquoi employer le système des privilèges et des sélections que je déteste?

Ensuite, j'ai pensé aller au commissariat de police, faire une déposition et laisser la justice agir. Cela reviendra au même, on trouvera les empreintes de mes enfants partout et aussi celles des autres. J'en reviendrais au même point; exclure mes enfants d'un châtiment d'une part et d'autre part les livrer tous à un système que je rejette de toutes mes forces.

Alors quoi?

Jean-Pierre me manque terriblement. Nous pourrions en parler tous les deux. Je ne sais plus où j'en suis. Je sais seulement que je suis lasse et désemparée.

A midi j'ai réuni mes trois enfants, Lakdar, Bertrand et deux ou trois groupies qui étaient là. Je leur ai parlé de mon désarroi, de ma déception, des solutions que j'avais envisagées. Grégoire a commencé à dire:

– C'est les Dalton qui ont fait le coup. Ils ne peuvent pas te blairer depuis que tu les as *foutus à la porte. Ils ont acheté une guitare et des amplis qui valent un *pognon *fou. D'où est-ce qu'ils sortent cet argent?

Lakdar:

– Ça peut être les Dalton, c'est bien possible. Mais aussi ça peut être Un tel ou Une telle.

Bertrand:

— Tout ça c'est parce que tu es là. Tu es une adulte. *Tu as beau faire, c'est toi la responsable* de cette maison. C'est toi qu'on a volé, pas le groupe. Tu connais ceux qui viennent ici, qui salissent de la vaisselle et qui ne la lavent pas. Tu les connais.

— Oui.

— Pourquoi tu crois qu'ils font ça? Parce qu'ils considèrent, du fait de ta présence, qu'ils sont dans une maison normale et pas dans une communauté de jeunes. Et ceux qui prennent toute la vaisselle sale et qui la lavent, c'est en pensant à toi qu'ils le font, pour te faire plaisir, pas pour faire plaisir à la communauté. Autrement dit il y en a bien peu qui respectent cette maison comme ils devraient le faire.

— Je crois que tu as raison. Mais je ne peux ni me tirer une balle ni abandonner l'endroit. Je n'ai pas envie de me sauver et surtout Dorothée est encore toute petite, Charlotte n'est pas bien vieille. Je dois rester auprès d'elles.

«Y a-t-il une solution? Quelle est-elle? Enlever la clé, rependre une vie normale de gros bourgeois? Attendre qu'on sonne à la porte pour l'ouvrir après avoir regardé par l'œil-de-bœuf qui est là? Faire un tri arbitraire basé sur les apparences?

Lakdar:

— Vous croyez que les gens sont meilleurs qu'ils ne le sont en vérité. Vous êtes une idéaliste. Tenez, l'autre jour j'ai demandé à Cécile de laver une tasse qu'elle venait de salir. Vous savez ce qu'elle m'a répondu? Que je lui cassais les pieds, que c'était vous qui donniez les ordres ici, que j'étais un dictateur et que si je n'étais pas content j'avais qu'à *foutre le camp. Et Cécile, elle sait bien que je ne sais pas où aller tant que je n'ai pas trouvé de travail.

Grégoire:

— Elle t'a vraiment dit ça?

— Oui, vraiment.

— C'est *dégueulasse, mais c'est pas de sa faute. Faut voir comment elle vit, dans quelle mesquinerie! Elle a l'esprit étriqué comme les petits bourgeois *à la con.

Charlotte:

— Est-on vraiment responsable de ce que l'on fait à seize ans ou à dix-huit ans?

— Je ne le crois pas.

Finalement la clé est toujours sur la porte mais je ne suis plus certaine qu'elle y restera toujours. Il y a quelque chose de cassé, quelque chose qui ne va plus. Pas la foi que j'ai dans une certaine idéologie mais le choix des moyens à employer pour élever mes enfants dans la liberté et le respect des autres et d'eux-mêmes.

Charlotte et Dorothée partent demain. Je vais me débrouiller pour passer un été calme en attendant la rentrée. Peut-être que je trouverai de nouvelles solutions. En tout cas ce ne sera plus jamais comme avant.

Annotations

3 L *remettre en cause:* in Frage stellen
5 *une argenterie* voir «Réactions à une éducation bourgeoise»
9 L *suspect* verdächtig
15 *à ce compte là* so gesehen
19 *la déposition* une déclaration en justice
20 L *une empreinte* ici: Fingerabdruck
21 *exclure* écarter
21 *le châtiment* la punition
26 *las, lasse* fatigué
27 *désemparé* qui ne sait plus quoi faire
29 *le désarroi* le trouble
29 *la déception* voir «L'avortement de Françoise»
31 *blairer* (argot): sentir
33 *un ampli* amplificateur: Verstärker
56 *un œil de bœuf* der «Spion» in der Tür
56 *le tri arbitraire* willkürliche Auswahl
62 *casser les pieds* (fam): fatiguer, énerver
70 L *la mesquinerie* voir «Portrait des enfants»
70 *étriqué* étroit, borné

Compréhension

1. Qu'est-ce qui est remis en cause par ce vol?
2. Pourquoi la narratrice ne va-t-elle pas au commissariat?
3. Pourquoi réunit-elle un conseil de famille?
4. Quelles explications est-ce que les enfants donnent au vol et sur un plan plus général, à l'échec du système «clé sur la porte»?
5. A qui la faute finalement, si ce n'est pas la faute aux jeunes comme Cécile?
6. Quelle solution est-ce que la mère trouve?

Commentaire/Sujets à discussion

1. Que feriez-vous à la place de la mère après le vol?
2. Quelle explication donnée au mauvais fonctionnement du «groupe» paraît la plus satisfaisante? Est-ce que vous pourriez en donner d'autres?
3. La mère espère trouver de nouvelles solutions à la situation générale de la famille. Proposez-lui-en quelques-unes.

Exercices

1. C'est un des jeunes qui viennent souvent ici.
   C'est un des jeunes *qui ont l'habitude de* venir ici.
   – Il boit souvent un verre avant le dîner.
   – Nous recevons souvent des étudiants.
   – Ils se plaignent souvent des repas.
   – Souvent nous ne finissons pas le travail commencé.
   – Dans une réunion, nous nous taisons souvent.
   – Vous vous joignez souvent à leur groupe.
2. Tu peux faire ce que tu veux, c'est toi la responsable.
   Tu as beau faire, c'est toi la responsable.
   – Même si tu dis la vérité, on ne te croit pas.
   – Elle jure son innocence, on la condamnera quand même.
   – Même si vous chantez, on voit que vous avez peur.
   – Il a loué une grosse Mercédes, mais on voit tout de suite qu'il est pauvre.
   – Elle peut se maquiller pendant 3 heures, elle reste laide comme un pou.
   – Je peux crier tant que je veux, personne ne m'entend ici.

9876543